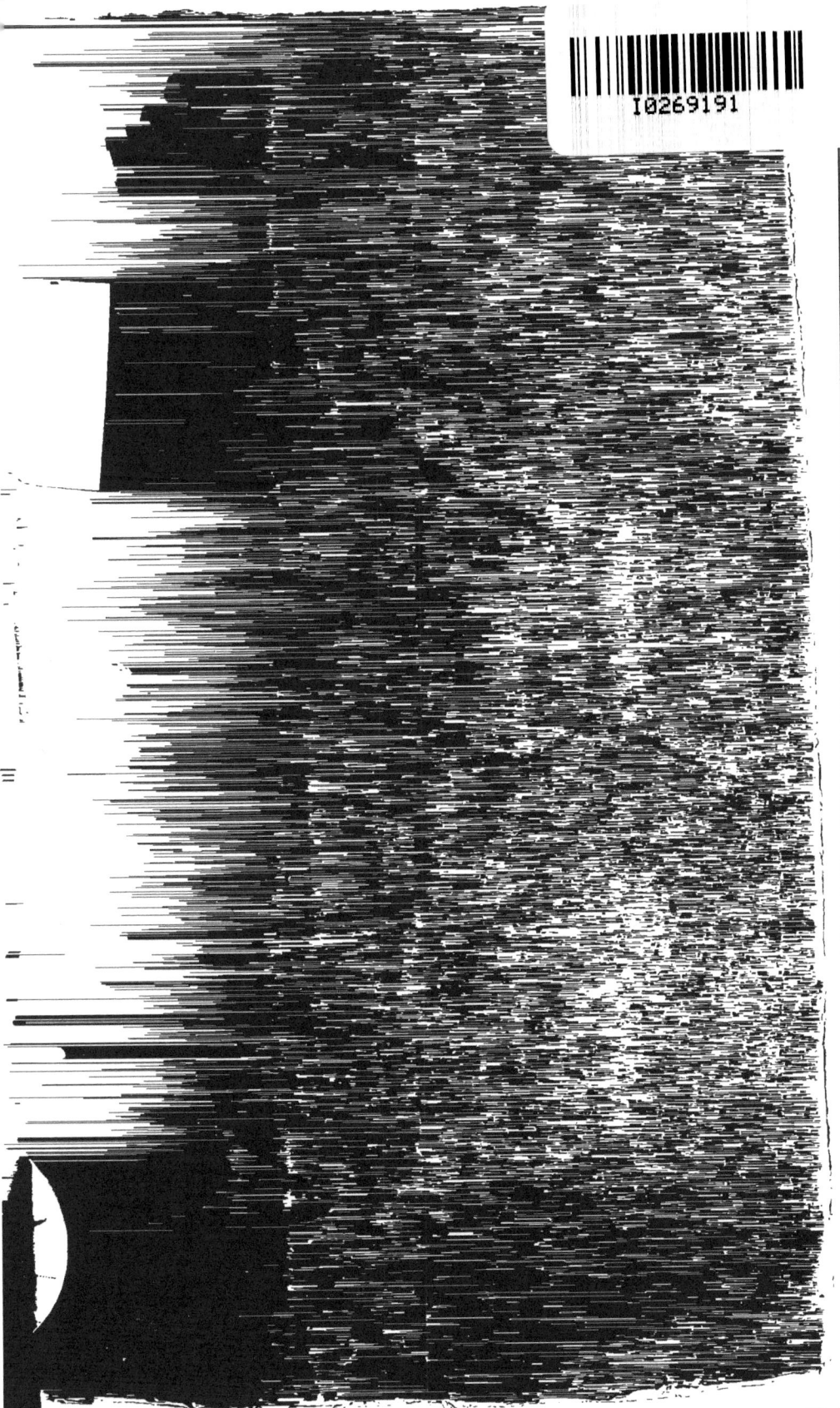

$\frac{I.}{Lb}\,^6_8$

BATAILLES NAVALES.

I. COMBAT NAVAL,

Du 1ᵉʳ Juin 1794 (13 Prairial, an II).

La flotte française était dans la rade de Brest où elle achevait d'appareiller, lorsque le coup de canon de partance se fit entendre. Brest le répète des batteries du château, de la batterie basse, et de la batterie républicaine armée de vingt-quatre pièces du calibre de quarante-huit. Les forts ont répondu au signal, et les marins en retard se hâtent de regagner leurs bords respectifs. Mille canots couvrent une étendue de trois lieues. Tous brûlent du désir de prouver à l'Angleterre que la France, toujours invincible, saisit avec empressement l'occasion de se mesurer avec elle.

Peuples rivaux, peuples faits pour vous estimer, mettez, ah! mettez un terme à vos sanglans débats! l'humanité vous l'ordonne, l'historien aussi a le droit de vous le dire.

On était dans la belle saison ; aucun nuage n'obscurcissait l'atmosphère, et un léger vent frais enflait les voiles des vaisseaux.

Quel admirable coup-d'œil que celui d'une flotte nombreuse traversant le goulet, et se formant, sur trois lignes, au milieu de la mer !

Nous avions dépassé les batteries de gauche et de droite dont les boulets sifflans, se croisant, compromettront toujours la sûreté des escadres, même les plus formidables, qui voudront entrer à Brest, quand Prieur de la Marne, averti par la chute du jour qu'il doit se retirer, demande son canot, et prononce ces paroles : « Mes amis battons les Anglais ! »—« En doutes-tu ? s'écrièrent les marins présens, nous sommes Français. »—« Vive la république! » ajouta Prieur. Vivent la France et la gloire nationale ! »

Déjà le phare Saint-Mathieu a offert à la moitié de l'armée un spectacle nouveau pour elle. Des fanaux allumés à tous les bords indiquent la marche à suivre et l'ordre des mouvemens.

On voguait sur trois lignes, et dans l'ordre le plus parfait. Chaque jour de nouvelles prises ajoutaient à l'espoir de l'armée, lorsque le 9 prairial an II, de onze heures à midi, les gabiers du haut des hunes font retentir ces mots : « Navires sous le vent, à nous. »

Les haubans, les vergues, le pont, la dunette, l'avant surtout, sont à l'instant couverts de marins. Des cris de joie se font entendre, et l'impatience de combattre se manifeste sur toutes les figures. Ce ne fut qu'avec peine, que le capitaine de vaisseau Vignot, le capitaine de pavillon Basire, et le major-général Delmotte, arrivèrent jusqu'à la poulaine.

Les lunettes sont braquées, et ce qui ne paraissait d'abord qu'un point dans l'horizon, est reconnu pour flotte ennemie.

Le signal du branle-bas-général partout est donné ; l'armée se forme sur une seule ligne, et les entre-ponts des vaisseaux ne présentent plus que de longues galeries, où l'on ne trouve pas même un clou.

Sans changer l'ordre de route on marche à l'ennemi, qui semble manœuvrer pour gagner le vent, et éviter un engagement, qui cependant eut lieu, sur le soir, entre l'arrière garde française et l'avant-garde anglaise.

Le vaisseau amiral, la *Montagne*, occupait le centre de l'armée, et la distance des eaux où l'on se battait était telle que dans cette affaire, qui dura plus d'une heure, le feu seul des canons et les boulets rouges furent aperçus. Aucune détonation ne se faisait entendre.

Deux vaisseaux anglais avaient pris le *Révolutionnaire* en poupe, et deux autres foudroyaient son babord. Quoiqu'accablé par des forces aussi supérieures, et démâté, le *Révolutionnaire* fut remorqué à Rochefort. On ne le revit plus. S'il eut serré le vent, il eût eu comme les autres, l'inappréciable honneur de combattre les 10 et 13 prairial.

Il était nuit ; la flotte française avait hissé des fanaux à tous les mâts d'artimon. Honteux de cette manœuvre, les Anglais finirent par s'éclairer, au grand plaisir des nôtres.

L'aurore parut : nous étions toujours maîtres du vent. Les deux armées défilèrent deux fois l'une sur l'autre, aux cris distincts et multipliés de *hurra!* et de *vive la république!* mais presque hors de portée. On s'essayait. Les boulets, en tombant à la mer, en faisaient jaillir l'onde, et montraient aux spectateurs la nature si souvent et si bien imitée par Vernet.

L'ordre d'arriver, donné par Villaret-Joyeuse, mit fin à cette inutile parade, et le second acte de la tragédie commença.

L'armée anglaise montra beaucoup d'hésitation ; cependant forcée à combattre, elle le fit partiellement et en tâtonnant. De notre côté le *Vengeur* ne garda pas son rang. Le porte-voix lui transmit le mécontentement du général, mécontentement dont il sut honorablement s'absoudre trois jours après.

L'obscurité mit fin à cette action qui aurait pu être décisive et ne le fut pas. Des fanaux furent de nouveau hissés à chaque bord ; tout le monde était de quart : les hamacs et les cadres dormaient, ou dans les soutes, ou dans les bastingages.

Serait-il permis de rapporter un fait arrivé ce jour-là sur la *Montagne?* Le premier boulet qu'elle reçut brisa une poulie dont deux éclats atteignirent au même instant, et à la joue et au talon, un matelot-canonnier de service sur le pont. Le malheureux resta debout, et parut indécis sur l'endroit offensé où d'abord il porterait la main.

Un autre événement moins grave se passa dans la cabane du major-général, où se trouvait alors le frère de Chardon, de Lorient.

Agé de douze à treize ans, ce jeune volontaire, embarqué malgré les observations de sa famille, fut blessé par une éclisse de sapin, et criait à tue-tête, en invoquant sa mère. Un peu de charpie, une bande légère, et par dessus tout le rire inextinguible de ses camarades, calmèrent sa douleur et guérirent son égratignure. Charis, le bon Charis lui même, aujourd'hui père de famille, et négociant à Hennebon, ne put résister à l'exemple, et obéit à un premier mouvement qui, certes, n'était point dans son cœur.

Le Français rit de tout et partout. Enfant héros, mais enfant supérieur à ce que Sparte, Athènes, Carthage et Rome ont produit de plus étonnant, l'Europe entière lui a servi de hochet.

Arrive enfin le 13 prairial, époque également fatale aux marine française et anglaise. La mer est houleuse et moutonne. Quelques rayons rares d'un soleil pâle montrent que l'Anglais, dont les forces en nombre sont évidemment augmentées, a profité pour gagner le vent, des brumes épaisses qui couvrirent l'Océan le 11 et le 12.

Ces deux jours, en effet, dans l'impossibilité de s'entrevoir, la flotte française avait manœuvré à la voile, et les eaux ne furent conservées qu'au moyen de coups de pistolets tirés de temps en temps.

L'Anglais attaque à sept heures du matin ; l'action tarde peu à devenir générale. On se bat avec acharnement ; on s'aborde, on se mêle ; nul ordre n'est gardé. Le Français fait feu sur le Français, l'Anglais sur l'Anglais. La confusion est telle, dans ce vaste champ de carnage, que les signaux ne peuvent plus être aperçus ni compris.

Les drisses ont disparu ; les pavillons tombent et sont à l'instant *cloutés* ; les voiles vent-dessus vent-dedans (en panne) n'offrent plus que d'inutiles lambeaux ; les mâts, restés debout, s'emplissent de boulets. L'Anglais vise à démâter, le Français à couler bas. L'un spécule, l'autre dissipe. Là le commerce, ici l'honneur et l'héroisme.

Disons-le à la honte de l'espèce humaine, le 13 prairial, la foudre elle-même eût vainement cherché à se faire entendre au milieu de plus de quatre mille bouches à feu vomissant ensemble et la désolation et la mort.

Barbares, arrêtez ! un seul coup de canon peut vous mettre au fond de la mer et causer la perte de douze cents hommes ! Un vaisseau de force inférieure sera déshonoré, s'il amène son pavillon, parce qu'une loi aussi atroce qu'impolitique défend de faire des prisonniers !....

Vous qui l'avez fait rendre cette même loi, avez-vous bien calculé les suites funestes qui pouvaient en résulter ? non, vous avez voulu une guerre de brigands et d'assassins ; vous avez voulu que l'honneur, ce sentiment sublime, fût entièrement méconnu. Loi atroce et sanguinaire ! je serai forcé à donner la mort à mon ennemi vaincu et sans défense ! L'Anglais, pris sans armes sur un bâtiment marchand, sera fusillé parce qu'il est Anglais, et le héros dont la patrie s'honore remplira l'office des bourreaux !....

Réflexions, vœux inutiles! la rage est à son comble! Exceptons toutefois de cette rage la presque totalité des bords qui avaient reçu des noms nouveaux.

Où êtes-vous marins en bonnets rouges? le jour de gloire est arrivé. Réalisez ces chants que les échos de la rade de Brest ont répétés si souvent. Vous n'êtes plus devant les forts; vous n'êtes plus sous leurs batteries fixes, sûres, immobiles et protectrices; vous avez passé le Roche-Mingan; vous avez doublé Berthaume, et le phare Saint-Mathieu est loin derrière vous; vous êtes en présence de l'Anglais.

Quel est ce matelot d'arrière de la *Montagne*, qui a usurpé la place du *Pelletier*? A sa manœuvre, à son hésitation, à sa désobéissance femelle, nous le reconnaissons tous: c'est le *Jacobin*, qui expose le salut de l'armée, et causera dans quelques heures la perte de sept vaisseaux, dont le représentant du *Peuple-Souverain* ordonnera l'abandon, et que cependant il eût été si facile de sauver, en virant seulement de bord, comme l'a répété M. de Kersain, écho fidèle des conversations du temps.

Cédant au vent et cédant volontairement, le *Jacobin* longe la *Montagne*, et se montre bientôt à demi-portée de canon. Chose inconcevable, et malheureusement trop vraie, le *Jacobin* lance la mort sur ses compatriotes.

A l'instant l'amiral Howe, , suivi de deux vaisseaux à trois ponts, et de trois autres inférieurs en force, fend les mêmes eaux, coupe la ligne, et livre, à quart de tribord de la *Montagne*, un combat sanglant dont les annales de l'histoire nautique n'offrent point d'exemple.

Déjà les vergues touchent les vergues et s'entrelacent ; déjà la *Montagne* et la *Reine-Charlotte* s'entre-choquent et s'entr'ouvrent: anglais et français, les équipages perdent jusqu'à l'idée même que l'Océan peut engloutir acteurs et théâtres, autels et victimes.

La mort présente, mais inaperçue, certaine, mais dédaignée, promène sa faux sur les deux bords. Les canonniers, privés de l'espace nécessaire pour manœuvrer, s'attaquent à coup d'écouvillon. Jean-Bon-Saint-André voit cette lutte insolite aux Français ; le tremblant et pusillanime Jean-Bon-Saint-André est descendu à la première batterie.

La figure hommasse et dorée de la *Reine-Charlotte*, ses énormes mamelles semi-blanches, ses jaunes sabords sont couverts de mitraille, et la *Montagne* croule à l'étrave, et sur la partie la plus avancée de l'éperon sous le feu des batteries anglaises.

L'abordage est commandé ; les grappins se balancent, et Howe va connaître, sur son propre bord, ce que peut le génie de la France. Prudent, il sacrifie quelques cordages, et se retire sous le vent, à la distance de quelques toises.

Plus libre dans sa manœuvre, l'artillerie française met alors, et à la fois, dans ses pièces, boulets ronds, boulets ramés et grappes de raisin. Le carnage continue. Le gouvernail de la *Montagne* est arraché à l'étambot, brisé à ses gonds et à ses pentures; deux des sabords de la sainte-barbe, à tribord, n'en forment plus qu'un; le feu se communique à la seconde galerie; partout les valets embrasés inspirent la terreur, que calment à peine les baies remplies d'eau et l'activité des fauberts.

Villaret est renversé de son banc de quart en éclats, et le fait rétablir. Un boulet coupe une longue vue dans les mains du froid et intrépide Delmotte. L'intendant Rassé, le capitaine Bazire tombent du même coup sous les yeux de l'impassible Vignot; Hue (de Granville) a le ventre entr'ouvert; le tibia de Cordier se compose d'esquilles à l'instant comprimées par un ceinturon d'épée; la cuisse de Chardon (de Lorient) n'offre plus qu'une masse de chair inerte et dévouée à la mort; Angot, le valeureux Angot (de saint-Valery-en-Caux) est frappé d'une balle au talon, se fait panser, et remonte à son poste; le couronnement du vaisseau porte, empreinte dans ses moulures et dans ses ornemens, la cervelle des lieutenans de Villaret et des pilotes côtiers, tués à la barre du gouvernail.

L'habitacle est détruit, le sablier, la fleur de lis de la boussole, rémplacée sur les autres bords par le bonnet de la liberté, ont totalement disparu.

Il est inconcevable que les forces anglaises, quintuplées autour de la *Montagne*, ne parviennent pas à la couler, malgré plus de deux cent cinquante boulets qu'a reçus à fleur d'eau son seul tribord. Dieu protège la France, dont le pavillon flotte toujours à la misaine, au grand mât et à l'artimon.

Le pont n'a plus de combattans ; les troisième et seconde batteries sont veuves de leurs héros. Ce mot n'est point une hyperbole ; l'opiniâtreté réelle n'existe plus qu'aux pièces de trente-six, mais fulminante, respectable et respectée.

Toutefois, la *Montagne* renferme dans son sein l'élite de cette noble marine qui, tant de fois, a vendu d'avance le prix du but que d'un boulet ou d'une bombe sûrs, elle a souvent abattu au polygone.

Tout-à-coup des caisses remplies de cartouches prennent feu sur la dunette, éclatent et tuent ou estropient la moitié des trimonniers.

Au milieu du fracas de l'artillerie de la *Montagne* (cent vingt bouches à feu), cette détonation fut peu sensible ; mais le contre-amiral, Louis-Thomas Villaret-Joyeuse avait involontairement tourné la tête. Le Noble (de Granville), aspirant de marine, du poste élevé qu'il occupe près du grand mât, remarque ce mouvement, et le communique au chef d'imprimerie de l'escadre, Bouvet, qui, quoique blessé et le bras gauche en écharpe, demande de suite au général la permission de balayer le pont de la *Reine-Charlotte*. « Saisissez la lame ; mais vous vous ferez tuer. — Je m'en moque, repond Bouvet. » Villaret sourit en lui serrant la main.

Bouvet se glisse, monte de degrés en degrés (on tirait sur lui des hunes anglaises, et avec des espingoles, à demi-portée de pistolet), met le feu à la caronade de trente-six, à tribord, et a le bonheur de voir son audace couronnée de succès.

Cinq blessures, sans compter les trois autres qu'il vient de recevoir en bordant l'écoute de misaine, les balles qui criblent ses habits et percent son chapeau en trois endroits, cinq blessures sont la récompense de sa témérité.

L'effet de cette caronade, pointée contre le gaillard d'arrière de la *Reine-Charlotte*, et, si l'on peut se servir de cette expression, en quelque sorte déchargée au vol, est si prompt, qu'aussitôt l'amiral Howe hisse toutes ses voiles, prend chasse, fait signal aux siens de le suivre, et laisse l'immobile *Montagne* (toujours vent dessus vent dedans) entourée au loin de pontons, notamment à tribord, du *Terrible*, et couverte, au loin, de gaz phosphorescent, de débris de vaisseaux, de cadavres et de sang.

Cinq minutes s'écoulent; le feu cesse, et Jean-Bon-Saint-André, sortant de son trou, se traîne, en rampant, et à pas mesurés, de batteries en batteries, de morts en morts, et reparaît tout radieux sur le pont.

La belle journée! s'écrie Villaret en l'apercevant; et il lui montre sept vaisseaux français formant, à une lieue de distance, une espèce de pâté.

Villaret annonce hautement la résolution de les secourir et de les faire remorquer. Jean-Bon-Saint-André s'y oppose. L'oscillation de sa longue redingote bleue, dégoûtante et sillonnée de suif et de goudron, décèle la honteuse conduite du Thersite de Montauban.

Tous frémissent indignés: on parle même de jeter à la mer le représentant du peuple, et déjà vingt bras s'avancent pour le saisir, quand Villaret ordonne de hisser la misaine, et sauve, par cette manœuvre, qui rappelle chacun à son poste, la vie à Jean-Bon-Saint-André.

La dunette, les galeries de la *Montagne*, horriblement mutilées, font frémir de réflexion à la vue des traces de l'incendie qu'ont heureusement arrêté le zèle, l'ardeur et surtout le sang-froid de l'équipage.

Les bouteilles, les coffres des chambres sont méconnaissables, et tout ce qu'ils renfermaient gît épars çà et là au milieu de fusils, de pistolets et de sabres d'abordage qu'on a eu l'imprudence de laisser en place sur un bord vide de filets.

Des canons sont démontés ; d'autres sont fendus à leur bouche, par des globes ennemis que le hasard y a introduits ; plusieurs boutons de culasses même, arrachés par une force irrésistible, ont doublé l'action du boulet. Les gaillards d'arrière et d'avant, la chaloupe, les canots qu'elle encaisse sont percés à jour.

Cinq fois de suite, à babord et à tribord, les canonniers des pièces de chasse ont été tués, et, sans que l'ordre ait été donné de les remplacer, de nouveaux braves leur succèdent, et, sur les corps palpitans d'infortunés camarades, se disputent la gloire de venger leur trépas. Pendant un quart d'heure la poulaine est le poste d'honneur. On voit jusqu'à des mousses, des enfans de dix ans, oublier le service des gargousses, saisir le boute-feu, et lancer gaiement la foudre sur les tyrans des mers.

Descendons au poste du chirurgien : des morts et des mourans en encombrent l'entrée. Malheur au blessé qui peut s'y traîner seul, si l'expérience ne l'a pas encore prémuni contre la dent du moribond! De nouvelles cicatrices l'attendent, résultat inséparable des plus cruelles angoisses.

Au milieu de nobles victimes des fureurs de la guerre, apparaît un génie bienfaisant. Ce saint Vincent de Paul de la marine, c'est Chappon (d'Avranches), qu'accompagne le fidèle Savary.

Nu jusqu'à la ceinture, embrasé de cet amour patriotique, de ce sens intime et national qui porte les heureux possesseurs de la science à prodiguer généreusement des secours à leurs compatriotes, Chappon rappelle Hippocrate rejetant les offres de l'Asie, et méritant d'Athènes.

Le lit, disons mieux, le cadre de douleur est dressé, le tourniquet est mis en usage, le scalpel sépare les chairs, et la scie... Affreuse, mais nécessaire opération, quel mot pourra jamais te rendre ! Les malheureux amputés, dans leur désespoir, invoquent la mort, la mort préférable peu-être au regret d'avoir perdu un membre.

Glissons sur la description des deux grandes chambres du vaisseau tout-à-coup changées en hôpital; mais ne glissons pas sur l'attention qu'eut Chappon d'y faire placer, sans distinction quelconque, le matelot et l'officier, le mousse et celui qu'il servait. Tous sont égaux dans la nature; tous sont égaux surtout quand ils ont été prodigues de leur sang dans l'intérêt de la patrie.

Cependant, saturées de combats, avariées dans leurs manœuvres, épuisées de forces et succombant à la fatigue, les flottes française et anglaise, à la voile, et dans des directions différentes, s'éloignent insensiblement du champ de bataille, sans trop se mettre en peine de ce que deviendront les sept vaisseaux français entièrement désemparés, et ras comme des pontons.

L'intention apparente de Villaret-Joyeuse était de les tourner, au point du jour, et de les remorquer; mais les Anglais, profitant du crépuscule et de l'approche de la nuit, tombèrent sur eux, à l'improviste, et les amarinèrent.

Ainsi dans cette journée qui coûta aux Anglais plusieurs vaisseaux et beaucoup d'hommes, la France perdit par la faute, et la faute seule de Jean-Bon-Saint-André, le *Vengeur*, qui coula; le *Juste*, l'*América*, l'*Achille*, le *Northumberland*, le *Sans-Pareil* et l'*Im-*

pétueux, qui brûla depuis dans le port de Portsmouth.

Le reste de l'armée, après avoir inutilement, pendant cinq heures consécutives, poursuivi et chassé, en leur offrant le combat, dix-sept vaisseaux que, à leur mâture, leur coupe, et surtout leur beaupré, on reconnut pour anglais, et dont aucun n'osa arborer son pavillon, le reste de l'armée mouilla dans la rade de Berthaume, et c'est là que furent amenés de Brest les mâtures, les voiles de rechange et notamment le nouveau gouvernail de la *Montagne*.

Villaret-Joyeuse voulait remettre en mer; mais Jean-Bon-Saint-André manifesta hautement, et sur le pont, et en présence de l'équipage, des intentions contraires. Jean-bon-Saint-André avait revu l'hôtel Saint-Pierre, goûté le pain blanc, savouré les délices du proconsulat, médité sur Verrès, et, suivi de Verteuil, prononcé ces paroles mémorables : « Villaret! maintiens la discipline, à la Romaine. »

La flotte, sur les ancres, resta donc au mouillage de Berthaume, et les blessés furent transférés à Brest, à l'hôpital *Saint-Louis*, ainsi qu'à sa succursale le *Petit-Couvent*; mais un spectacle admirable et au-dessus de tout éloge, c'était de voir les habitans de ce port rivaliser entre eux d'humanité, attendre les embarcations, et s'arracher les braves pour les conduire dans leur propre lit, où tous reçurent des mains de l'opulence et du patriotisme, les soins que les dames de la ville prodiguèrent avec tant de délicatesse à des êtres inconnus, si toutefois on peut être inconnu, quand on a l'honneur d'être né en France.

ÉPISODE

DE LA BATAILLE DE TRAFALGAR.

(Octobre 1805.)

Le *Victory* et le *Redoutable* sont accrochés l'un à l'autre depuis un quart d'heure, lutteurs inégaux en force, mais non pas en courage. Les bordées s'échangent à demi-portée de pistolet; le carnage est horrible des deux côtés.

Nelson, qui s'est mis en grande tenue et a paré sa poitrine du large crachat d'ordre qu'on ne lui vit jamais qu'aux solennelles occasions, se promène sur le gaillard d'arrière du *Victory*, avec Hardy, son capitaine de pavillon ; il marche vite, parle haut, et communique aux matelots anglais cette activité de l'esprit et du cœur dont il est dévoré.

Le capitaine du *Redoutable* est sur sa dunette, remarquable aussi par l'éclat de son uniforme; il félicite, dans son porte-voix, un équipage qui ne mollit point, que la disproportion des deux vaisseaux combattans n'a pas effrayé un moment, mais l'ardeur a besoin d'être dirigée. C'est le sang-froid qu'il recommande, en imposant un frein salutaire aux emportemens d'un courage trop impétueux.

La mousqueterie française fait beaucoup de mal sur les gaillards du vaisseau anglais. Le capitaine Lucas, pour égaliser les hauteurs, et autant que possible les avantages, a fait monter ses matelots armés de fusils et ses soldats dans les haubans et sur la dunette ; ainsi s'est grandi le vaisseau de 74, qui maintenant n'est plus dominé par le rempart élevé du bastingage de la *Victoire* et par son quatrième rang de canons. Les grenades et les balles pleuvent des hunes et de tous les points d'exhaussement que le commandant français a imaginés.

Un soldat, qui vient de recharger son arme, s'approche de Lucas, et étendant son bras à gauche vers le gaillard d'arrière du *Victory*, que la dunette le *Redoutable* commande, parce que l'arrière du petit vaisseau est par le travers de cette partie du gros trois ponts : « Voyez, commandant, lui dit-il, ce grand maigre là-bas, qui a ce beau jabot et ces grands revers blancs, je vais le descendre. » Lucas regarde ; la balle est arrivée avant son coup-d'œil ; elle a frappé Nelson à la poitrine ; car l'homme au jabot, c'est Nelson. Le commandant du *Redoutable* l'a reconnu au moment où il est tombé ; il l'a reconnu à la blessure qui le priva jadis d'un bras, et plus encore à l'empressement du capitaine et des marins autour de lui. Une sorte de stupeur s'empare des Anglais, quand la triste nouvelle de la mort de leur glorieux amiral a couru de bouche en bouche, depuis le pont jusqu'aux profondeurs de la cale. Cette impression n'échappe point à Lucas, et il va en profiter.

— « A l'abordage, mes garçons! à l'abordage! » Et se retournant promptement vers un matelot:

— « Tu vois cet officier blessé et qui se débat sur le gaillard du vaisseau anglais, c'est lord Nelson: il est mort; va le dire partout; qu'on saute gaillardement à bord de l'ennemi, et il est à nous! »

Le matelot court, et en moins de quelques minutes tout le monde sait à bord du *Redoutable* que Nelson a été tué. L'aspirant Yon, suivi de quelques matelots, va le premier à l'abordage; il grimpe par une des ancres du *Victory*, comme on monte à l'assaut d'une forteresse dont les murs déchirés par l'artillerie, offrent quelques points d'appui aux assaillans. Des coups s'échangent sur le bastingage de la *Victoire;* l'équipage s'apprête à voler au secours de l'aspirant et de ses braves accolytes pour faire irruption ensuite sur le navire anglais; mais une bordée terrible, qui arrive du côté où le *Re-*

doutable n'était pas engagé d'abord, force les assaillans à la retraite.

— « Aux pièces de tribord, crie Lucas, et bon feu, mes enfans! N'oubliez pas ce que je vous ai cent fois recommandé : prompts à recharger, lents à tirer. Démâtez-moi ce gredin-là qui vient nous arracher notre proie. Il est grand aussi, mais les petits sont les bons, n'est-ce pas?

— « Oui, commandant, oui, répondent les voix des derniers matelots qui se précipitent du pont dans les batteries. »

Le nouvel ennemi qui survient n'est rien moins qu'un vaisseau de 110 canons comme le *Victory* que Lucas a eu l'espoir de réduire : c'est le *Téméraire*. Dans la ligne d'attaque, à la tête de la quelle s'avançait le vaisseau de Nelson, et dont le *Redoutable* a reçu le premier choc, destiné au *Bucentaure*, sur le quel Villeneuve a son pavillon amiral, le *Téméraire* marchait le second ; il avait laissé le *Victory* seul aux prises avec un antagoniste dont il ne paraissait pas redouter les efforts, et ses coups s'étaient dirigés sur les remplaçans du *Neptune*, qui s'était souventé on ne sait pourquoi. Le *Héros*, du premier coup de canon tiré par le *Victory*, avait perdu Poulain, son capitaine ; cet événement avait jeté le trouble à bord du vaisseau, à **un tel point qu'il s'était éloi-**

gné du champ de bataille, mentant à son nom et compromettant l'honneur français.

Donc, le *Téméraire* se présente par le travers de Lucas ; il s'est aperçu que le feu du *Victory* baisse ; il craint de voir la fière bannière de saint Georges descendre de la corne d'artimon, où le pavillon tricolore monterait le remplacer, et il s'est hâté. Il a tourné par derrière le groupe des deux vaisseaux qui se tiennent serrés, embrassés par de réciproques étreintes, les ongles de leurs grappins dans les gréemens l'un de l'autre, comme deux athlètes furieux qui se battent à mort, se roulent sur la terre, leurs jambes enlacées, et se déchirent mutuellement. Il a passé à tribord du *Redoutable*, et le *Victory* est sauvé ! L'équipage de Lucas se multiplie, quoique le canon du *Téméraire* et celui de l'autre vaisseau qui se réveille, le déciment cruellement. Rien ne le décourage, ni les cris des nombreux blessés, ni la mort qui fait des ravages affreux à tous les postes. Tribord et babord, feu, feu bien nourri, feu bien servi, feu qui brise des mâts et des vergues, met des voiles en lambeaux, fait de larges trouées aux murailles, s'attaque à la flottaison qu'il ouvre aux lames de la mer houleuse, démonte les pièces d'artillerie, écrase, brûle ou tue. A tant de courage et de persévérance, il semble que la fortune doive le succès.... Non, le ciel veut que les braves de la mer succombent ; il veut que cette journée sanglante soit fatale à l'empire, que l'orgueil de ses triomphes en Allemagne a si justement enivré ; il veut faire expier à la France la gloire et le bonheur de ses conquêtes ! Le *Redoutable* succombera là où il avait presque vaincu il y a deux heures ; rien ne pourra contre cet arrêt, écrit au livre rouge des destinées de notre marine. Les deux géans acharnés sur lui ne suffisent cependant point à sa défaite ! Tout dégréé, démâté de son grand mât et de son mât d'artimon, ravagé par les boulets qui l'ont battu en brèche, par la mitraille et par la mousqueterie qui ont dépeuplé ses ponts et ses batteries, ouvert de chaque côté comme le serait la carcasse d'un noble cheval que les loups et les vautours auraient dévoré, incendié vers son gouvernail, commençant à couler bas d'eau, ce vaisseau se défend encore ; on dirait un de ces chevaliers d'un autre âge, démonté, couvert de blessures et résistant vaillamment avec un tronçon d'épée, à plusieurs ennemis qu'il a essoufflés et largement tailladés. Le pavillon tricolore flotte toujours au mât de misaine, le seul qui tienne encore debout, quoique ses agrès soient hachés. Cette persistance irrite les Anglais, et un troisième vaisseau vient aider le *Victory* et le *Téméraire* à réduire cet adversaire formidable. Pendant que le *Téméraire* est à droite du *Redoutable*, et que le *Victory* est lié à sa gauche, le *Tonnant*—c'est l'auxiliaire que la crainte de voir le bâtiment français échapper à son sort, donne aux deux vaisseaux à trois ponts—le *Tonnant*, après avoir combatu l'*Algésiras*, sur lequel le contre-amiral Magon avait été tué au commencement de l'engagement, vient se placer derrière le vaisseau de Lucas, et le canonne de poupe en proue, jusqu'à ce que, hâletant, ayant perdu le plus pur de son sang, dont le reste coule avec peine maintenant dans ce grand corps mutilé, le *Redoutable* amène son pavillon....

Défaite héroïque, plus belle assurément que la victoire du triple anglais!

La lutte a duré près de quatre heures. Sur six cent quarante-trois hommes qui composaient l'équipage du *Redoutable*, cent vingt-un seulement ont échappé à la mort ou à ces terribles blessures qui laissent de larges traces et pèsent sur la vie, d'un poids qu'on a peine à porter. Trois cents sont mort pendant le combat; tous les officiers et dix aspirans ont été atteints par les balles, les éclats de deux pièces qui ont crevé à bord, ou les éclats, plus dangereux peut-être, des mâts ou des murailles du vaisseau, que les boulets arrachent et lancent sur les combattans dont ils déchirent les membres avec leurs cent pointes irrégulières. Un seul aspirant est resté entièrement intact !

Il est quatre heures après midi ; le vaisseau coule lentement ; Lucas, triste mais non humilié, va jeter un dernier regard sur ce vaisseau qu'il quittera bientôt ; il parcourt les différens postes, console les malheureux qui gémissent sur les cadavres où les ont couchés les chirurgiens après de douloureuses amputations, remercie tous ses camarades du zèle et du courage qu'ils ont apportés à la défense du pavillon, félicite ceux des survivans que la mitraille a si miraculeusement épargnés ; puis il monte sur sa dunette regarder dans sa longue vue, ce qui se passe autour de lui. Que voit-il, grand Dieu ! le *Bucentaure* aux prises avec plusieurs vaisseaux depuis que le *Victory* avait tiré ses premières bordées, reçoit un nouveau feu des trois vaisseaux qui ont vaincu le *Redoutable*, et succombe à son tour. Villeneuve et Magendie, son capitaine de pavillon, iront en Angleterre avec Lucas ! la *Santissima-Trinidad*, où flotte le pavillon du contre-amiral espagnol Escano, entourée à son tour, tombe sous les coups d'un groupe d'Anglais ! Sur presque toute la ligne des escadres combinées du centre et de l'arrière-garde, il en est ainsi ! Désolation ! spectacle déchirant ! et qui n'est pas celui qui afflige le plus profondément le cœur de Lucas. Ces vaisseaux, du moins, succombent honorablement. Leur courage n'a cédé qu'au nombre, et la France n'a point de reproches à leur faire! Mais ceux qui s'éloignent, pourquoi quittent-ils le champ de bataille? pourquoi échangent-ils de loin d'inutiles coups de canon avec les Anglais? qui sont-ils? qui les commande? que ne viennent-ils faire une puissante diversion au milieu de cette mêlée où le devoir les appelle?... Voilà les questions qui se pressent sur les lèvres du capitaine, et qui y expirent au milieu d'imprécations contre Dumanoir: c'est Dumanoir, en effet, qui serre le vent tribord-amures avec quatre vaisseaux, et s'éloigne.

Ce contre-amiral, qui commandait l'avant-garde, était resté deux heures spectateur impassible d'un combat où les onze vaisseaux sous ses ordres pouvaient être d'un si grand secours; il s'était à la fin décidé à virer de bord; mais, au lieu de serrer de près l'ennemi, et de le placer ainsi entre deux feux, il prend le large avec le *Scipion*, le *Formidable*, le *Duguay-Trouin*, et le *Mont-Blanc*. Que ne durent point dire les Espagnols et les Français qu'on abandonnait ainsi! que ne dirent-ils pas! Oh! que ton nom fut cruellement balotté par la rage au milieu de toutes les épithètes méprisantes, contre-amiral

Dumanoir ! Si tu avais pu entendre tous ces hommes des deux nations te maudire, te jeter les noms de lâche et de traitre, tu aurais laissé arriver, tu te serais jeté tête baissée dans ce pêle-mêle où il y avait tant d'honneur à chercher, si l'on pouvait y trouver la mort. Tu te justifieras peut-être un jour ; peut-être quelque conseil de guerre déclarera que tu n'as pu mieux manœuvrer ; peut être même que l'empereur te pardonnera ; tu seras fait peut-être vice-amiral et député de la France ; mais Trafalgar sera le cauchemar de toutes tes nuits ; mais la marine n'aura plus pour toi ni respect ni considération ; mais on te regardera comme acquitté, et non comme innocent. Le peuple de la mer, pas plus que l'autre, ne fait grâce ; il dit aussi : « On combattait là, et tu n'y étais pas ; pends-toi ! » Il respecte la chose jugée, en ce sens, qu'il ne pend pas quand le juge a absous, mais il ne respecte pas les caractères sur lesquels plane un doute offensant ; il faut être à son tribunal un homme tout d'une pièce, allant au combat comme au bal. On aura beau lui dire : « En m'éloignant de l'ennemi, j'ai sauvé une division de vaisseaux à la France ; » il ne comprend pas cela : « il fallait la perdre et se battre, » voilà se qu'il répond. C'est que tant de prudence confond sa raison ; elle lui paraît toujours équivoque : il est peut-être injuste, mais il est ainsi fait.

L'irlandais Macdonald, brigadier au service de l'Espagne, montant le vaisseau de quatre-vingts canons, le *Ray*, a fait comme Dumanoir, il est loin sous le vent ; mais personne ne l'a suivi, personne ne s'est cru obligé à imiter son exemple. Dans l'escadre de Dumanoir, tous les vaisseaux, non plus, ne se sont pas regardés comme liés par la manœuvre du contre-amiral ; l'*Intrépide* s'est détaché, et le voilà, à cette heure qui, avec le tronçon de son mât de misaine et une voile, cherche à rejoindre ceux des vaisseaux qu'on voit tâcher de regagner Cadix. Il se bat en déterminé. Pour lui aussi le combat a été long et sanglant. Quand Infernet a vu Dumanoir serrer le vent, il a crié de cette voix de tonnerre qui ébranlait tout son navire, lorsqu'il était un peu en colère: « Laisse arriver ! Quiconque n'est pas au feu, n'est pas à son poste. » Cette prescription d'honneur, qui fait le premier article de la tactique navale, lui a dicté son devoir ; il est donc allé où sa présence paraissait le plus nécessaire. Le fort du combat était vers le *Redoutable* et le *Bucentaure*, c'est là qu'il est venu ouvrir son feu. A deux heures et demie, il avait déjà trois vaisseaux sur le corps ; à trois heures il en avait cinq; il en avait sept à quatre heures ! Qui résisterait à tant d'ennemis ? qui ? l'*Intrépide*, un petit vaisseau construit en Espagne, mais français par son équipage, son état-major et son capitaine, un pétit vaisseau qui, au lieu de pièces de trente-six à la première batterie, n'a que du vingt-quatre. Il résiste jusqu'à quatre heures et demie.

Vers trois heures, qu'elqu'un avait fait au commandant des représentations sur l'impossibilité d'une plus longue défense, sur l'opportunité d'une reddition sans honte après un combat inégal ; Infernet agite son sabre, — un long bancal qu'il tenait de son cousin Masséna, — et se laissant aller à toute l'exaltation de son ardeur provençale, il dit en criant de manière à dominer le bruit du canon : « Celui qui parle d'amener, ze lui f... la tête à bas comme cela, » et la pomme de bois qui termine la rampe de l'escalier et de la dunette, vole en éclats à ses pieds. Ce bancal, il n'y a qu'un instant, a manqué d'abattre une tête. *L'intrépide*, chauffé de près par un vaisseau à trois ponts, recevait sur ses gaillards une grêle de mitraille. Un officier supérieur d'un régiment de l'armée, embarqué sur le vaisseau français, étonné d'abord, puis effrayé de ce genre de combat auquel il n'était pas accoutumé, cherche un abri derrière Infernet, grand comme un tambour-major, gros comme un ci-devant prieur de Bénédictins ; il se cole à lui, le prend par le bras, lui adresse la parole pour justifier sa position. Le capitaine n'interprète pas tout de suite cette conduite étrange aussi mal qu'elle peut l'être ; il est importuné par son adhérent ; mais il le repousse du bras sans rien dire, comme on éloigne de la main, sans s'arrêter, un objet qui gêne, une mouche qui bourdonne autour de soi. L'officier persiste ; il se bastingue de la rotondité du colosse, s'accroche aux pans de son habit. Infernet comprend à la fin la raison de cette persévérance. Il repousse alors son homme avec indignation, avec fureur, et dégaînant son sabre, regarde le lâche de ses grands yeux ronds qui étincellent : « Est-ce que vous me croyez doublé de cuivre, donc ? lui dit-il ; f.... z-moi le camp et laissez-moi libre, ou ze vous.... » Le provençal retient son bras prêt à frapper, et le fantassin, pétrifié, reste courbé sous une menace dont il attend l'effet en tremblant.

A quatre heures et demie, l'*Intrépide* coulant bas d'eau, cesse son feu ; il est le dernier de cette malheureuse flotte à se rendre à l'ennemi. L'*Orion*, commandé par le capitaine Codrington, amarine cette prise, pendant que le *Swiftsure* envoie prendre possession du *Redoutable*. Lucas se rend à bord du vaisseau anglais, après avoir dit adieu à tous ses gens ; au moins n'a-t-il point de fils qu'il lui faille quitter ! Infernet en a un, lui, un aspirant, jeune homme de vingt ans; il faut qu'il s'en sépare; on n'a pas permis qu'il l'emmenât avec lui. Le seul officier qui puisse l'accompagner est un lieutenant de vaisseau, blessé aux deux jambes, mais cependant plus heureux que tous ses camarades du même grade, restés pour morts sur l'*Intrépide*. L'officier anglais, venu pour chercher le commandant, le prie de descendre dans son embarcation.

— Eh! pour Dieu! attendez un peu, dit Infernet, qui tient son fils embrassé; êtes-vous donc si pressé que ze ne puisse pas embrasser mon enfant?

Cette séparation est déchirante; on a peine à arracher l'aspirant des bras de son père. Infernet pleure; oui, ce vieillard que le combat a trouvé sans émotion, est vivement ému maintenant qu'il désespère de revoir bientôt celui qu'il aime plus que sa vie, dont il faisait tout à l'heure bon marché à l'ennemi. On l'éloigne pourtant, et il s'embarque. Il descend doucement l'échelle de bord, parce qu'il est fatigué, qu'il a les jambes malades, et qu'il a les yeux humides de larmes, attachés à la coupée où son enfant, comme il l'appelle dans son langage méridional, simple et tout paternel, est resté pour le voir partir.

Codrington a pour Infernet, prisonnier à son bord, tous les égards que le capitaine du

Swiftsure a pour Lucas. D'abord c'est en étranger qu'il le traite, mais en étranger qui a mérité l'estime de ses ennemis par des prodiges de valeur; ensuite c'est en ami. Quand Lucas arrive sur le gaillard d'arrière du vaisseau anglais, le commandant capteur vient à lui, le félicite sur son admirable défense, le plaint de sa disgrâce, et finit par lui dire:

— J'ai regret, capitaine Lucas, de vous demander votre épée, mais je le dois.

— La voici, monsieur; mais permettez-moi de vous dire que ce n'est point au capitaine seul du *Swiftsure*, si honorable et si vaillant qu'il soit, que je la rends. Je vous la remets, monsieur Rutherford, je la rends à l'armée anglaise.

Le champ de bataille offre à ce moment un coup d'œil déplorable. Quinze vaisseaux français ou espagnols sont là, immobiles, démâtés, couverts du pavillon anglais, formant une ligne avec les bâtimens qui les ont pris, et qui, tous démâtés aussi, ne peuvent ni se mouvoir eux-mêmes, ni emmener leurs captifs. Ici, l'*Achille* embrasé est prêt à sauter; là, coule le *Redoutable*; plus loin, l'*Intrépide*, à demi enfoncé dans l'eau se soutient avec peine à sa surface. Il luttera trois jours contre cette dernière catastrophe; trois jours durera son agonie dans d'affreuses circonstances, car la tempête succède à la bataille.

L'amiral Gravina, blessé au bras (il n'y avait plus de généraux français : Villeneuve avait été pris sur le *Bucentaure* ; Magon avait été tué en sautant le premier à l'abordage du vaisseau qui était venu accoster l'*Algésiras*, et Dumanoir est passé au vent des deux armées, d'où il ne viendra pas donner la remorque à quelques vaisseaux français pour les entrer à Cadix) ; l'amiral Gravina fait signal de ralliement, et se dirige sur Cadix, distant de six lieues. Onze vaisseaux, cinq frégates et deux bricks le suivent, et, le 30 vendémiaire an XIV (22 octobre 1805), à deux heures du matin, mouillent au milieu des roches, par un temps très-obscur et un très-grand vent, à l'entrée de la baie où ils croyaient trouver un asile contre les chances du malheur dont le sud-sud-ouest furieux les a menacés toute la nuit. Mais tous ne purent s'y soustraire. Pendant ce temps-là, l'*Orion* et le *Swiftsure* faisaient voile pour Gibraltar.

Un mois et demi se passa avant que le vaisseau le *Spartiate*, sur lequel le jeune Infernet avait été transporté trois jours après le combat, rejoignît Gibraltar. Ce vaisseau tenait la mer ; mais manquant d'eau, il était venu pour en faire dans la rade anglaise. Cette circonstance toute fortuite rapprocha l'aspirant de son père. Codrington le prit des mains du capitaine sir Francis Laforey, qui avait eu pour lui tous les égards imaginables. La réunion du père Infernet avec son fils fut touchante ; il se précipitèrent dans les bras l'un de l'autre, et le capitaine de vaisseau à qui l'on rendait celui qu'il avait cru perdu, s'écria dans l'effusion de sa joie, énergique et naïve comme sa colère :

— Eh bien, ze m'en f....! maintenant que z'ai mon fiou, y peuvent m'emmener en *Issélande.*

On l'en avait menacé parce qu'il avait eu une altercation assez vive avec Collingwood. Il n'y alla pas, non plus que Lucas et Villeneuve, et beaucoup d'autres officiers de l'armée combinée. A Gibraltar, la garnison et les officiers de la marine anglaise donnèrent un grand dîner aux illustres prisonniers, qui peu de jours après furent embarqués sur le vaisseau le *Téméraire* qui devait se porter à Portsmouth. Avant que le *Téméraire* mît à la voile, ainsi que le *Royal-Souverain*, vaisseau que montait l'amiral Collingwood, un officier de l'*Intrépide*, Gicquel Destouches, qui avait été sur l'*Orion* avec Infernet, alla voir son commandant dont on le séparait. Celui-ci se promenait sur le gaillard d'arrière du *Téméraire*, fort bien vêtu, ce qui étonna beaucoup Gicquel ; il l'avait vu en effet partir presque nu et recouvert seulement d'un pantalon de nankin. Infernet s'aperçut de la surprise de l'officier :

—Hein ! vous regardez, voï, comment ze suis gréé, n'est-ce pas? et vous voulez savoir qui m'a habillé ainsi. Eh bien! mon cer, c'est le capitaine du vaisseau que nous avons canonné si zoliment par babord.

Gicquel prit congé d'Infernet :

—Il faut bien que je vous quitte, commandant ; ces coquins-là auraient bien dû nous laisser ensemble. Qui sait si nous nous retrouverons au cautionnement?

—Ze l'espère, mon cer ; car ze serais très-fâcé d'être pour touzours éloigné de vous. Vous vous êtes bien battu, et vous êtes un bon......

Il ajouta une épithète matelotesque qu'il est inutile d'écrire ici, je pense. Un homme qu'il retrouva avec bien de la joie, c'est le chirurgien major de l'*Intrépide*. Après le combat, il avait été transporté a bord du *Swifsture*. Cet officier de santé était un garçon fort et rebondi, qu'on vit arriver sur le vaisseau anglais plus gros qu'il n'était d'ordinaire. — « Qu'est ceci? le major a terriblement enflé! » Et tout le monde de rire, quoique la situation ne fût pas gaie ; mais l'intervenant était d'un comique parfait ! On aurait pu le prendre pour le personnage de la farce qu'on déshabille sur le théâtre, et à qui l'on ôte une douzaine de vestes pour le maigrir un peu. Ce qui avait engraissé le docteur, c'était une provision de linge dont il s'était garni la taille pour sauver plus sûrement un objet précieux qu'il espérait soustraire à tous les regards, l'aigle de l'équipage de haut-bord qui montait l'*Intrépide*. On ne rit plus quand on sut cela; on fit fête au chirurgien, qu'Infernet embrassa cordialement plus tard pour ce dévouement malheureusement stérile. Les Anglais se firent un trophée du noble signe que le docteur croyait préserver par une heureuse contrebande.

De Gibraltar, les prisonniers allèrent à Portsmouth, où ils restèrent peu de temps. On les conduisit à Bishop'swattham, petite ville du Hampsire, qu'on leur donnait pour prison. Ils y trouvèrent l'amiral Villeneuve. Cet officier général avait été porté en Angleterre par la frégate *Euryalus*. Le capitaine de ce bâtiment, Blackwood, vint un jour pour le voir, et le trouvant relégué dans un lieu triste, et dont l'habitation convenait mal à un homme de l'importance du commandant d'une armée, même vaincu, le pria de lui permettre de faire, en son nom propre, à lui officier anglais, la demande à son gouvernement d'un autre cautionnement pour le vice-amiral. Le ministère accorda à l'honorable Blackwood la permission qu'il sollicitait, et l'amiral, avec quelques prisonniers, parmi lesquels étaient Lucas, Infernet

4

et son fils, fut transféré à Reading, ville considérable dans le Berk's shire

L'arrivée des Français, que leur honorable défaite avait rendus intéressans pour les Anglais de distinction, qui ne partageaient point les préjugés grossiers du patriotisme de John Bull, produisit une grande sensation dans la ville capitale du comté de Berk. On s'empressa pour les voir; on vint de Londres et de tous les comtés environnans: les plus grands honneurs leur furent rendus dans les salons, sinon dans les rues. Madame la duchesse de Waren, femme de l'amiral de ce nom, qui était alors embassadeur à Pétersbourg, les fit inviter à souper avec l'élide de la marine anglaise. Ce fut une véritable ovation que cette soirée où les Anglais se montrèrent des hôtes d'un goût parfait. Ces marins ne tarirent pas sur la belle conduite des capitaines du *Redoutable* et de l'*Intrépide*; des toasts furent proposés en leur honneur, et accueillis par d'éclatans *hourra*.

Lucas était presque libre, honoré, mais il était forcé de marcher sans armes; il ressentait vivement le malheur de cette humiliation, et plusieurs fois il avait maudit tout haut la rigueur d'une défense qui le privait de son épée. L'amirauté l'estimait trop pour ne pas le lui témoigner; elle ne pouvait lui en donner une plus immense preuve qu'en lui rendant le droit que n'ont pas les prisonniers de guerre, de porter l'arme que la victoire leur a arrachée. C'était autant celui qui avait tué Nelson, ce reste qui paraissait immortel d'un homme tant de fois échappé à la mort, que le combattant du *Redoutable*, qu'ils honoraient ainsi. Plus la perte qu'avait faite l'Angleterre était grande, plus grands aussi devaient être les honneurs qu'on voulait rendre à Lucas; on ne voulait pas qu'un homme ordinaire eût pu arrêter dans sa course, le marin extraordinaire que pleurait la marine britanique : il ne fallait donc pas qu'on le traitât comme le vulgaire des officiers. L'amirauté décréta qu'à Lucas serait remise l'épée qu'il avait tirée contre lord Nelson; et ce fut chez madame de Waren, à ce souper où il était l'objet de toutes les attentions, de toutes les coquetteries nationales, qu'un officier de la marine anglaise la lui présenta aux applaudissemens de toute l'assemblée. Doux moment pour le prisonnier, dont on presse la main et qu'on embrasse cordialement!

Autour du salon de la noble comtesse figurait une suite de tableaux représentant les combats de l'amiral Waren; Lucas les examine avec attention, puis il va à madame de Waren :

— Vous devez être fière, madame, d'être la femme d'un officier qui a tant honoré le pavillon d'Angleterre!

— Si vous êtes marié, capitaine, madame Lucas, malheureuse aujourd'hui de votre absence, doit porter aussi avec orgueil un nom que vous avez fait si grand !

— Madame, je n'ai pas vaincu, moi, et voilà bien des succès marqués du nom de Waren.

— Vaincu, capitaine ! la fortune vous a trahi ; mais, vous le voyez, l'estime, la considération vous restent avec l'honneur : c'est un malheur beau comme une victoire ! Quant aux hauts faits de mon mari, pour lesquels vous me complimentez si gracieusement, votre journée de Trafalgar les efface tous.

La captivité de Lucas et d'Infernet, heureusement adoucie, comme on vient de le voir, par les prévenances et les procédés pleins de loyauté et d'enthousiasme de la marine et de la haute société anglaise, ne dura pas long-temps; le 21 avril 1806, les deux capitaines mettaient le pied sur la terre de France, où ils étaient renvoyés *sur parole*. Lucas rapportait d'Angleterre un monument, élevé par ordre de l'amirauté, à la mémoire de Nelson : c'était un tableau représentant les derniers momens du lord commandant l'armée anglaise à Trafalgar. L'œil du spectateur plonge sur le gaillard d'arrière du *Victory*, où se passe la scène tragique ; à côté du vaisseau anglais on voit la partie de l'arrière d'un vaisseau plus petit, sur la poupe duquel est écrit fort distinctement : *Redoutable*. Le tableau porte l'inscription suivante :

« Mort du célèbre amiral Nelson, com-
» mandant en chef l'armée britannique au
» combat de Trafalgar, contre les forces com-
» binées de France et d'Espagne. »

Lucas fit ajouter à ces lignes :

» Tué à bord du vaisseau anglais le *Victory*
» de cent dix canons, en combattant à l'abor-
» dage le vaisseau français *le Redoutable* de
» soixante-quatorze canons, commandé par
» M. Lucas, capitaine de vaisseau, officier
» de la légion-d'honneur. »

L'empereur avait ordonné qu'à leur retour en France, Infernet et Lucas lui fussent présentés. Il voulait les récompenser dignement. Ils furent bientôt à Paris. L'amiral Decrès, ministre de la marine, les reçut avec la distinction qu'ils méritaient, et demanda à Lucas lequel il préférait, la croix d'or de commandant de la légion-d'honneur ou le grade de contre-amiral.

— Monseigneur, répondit vivement le capitaine du *Redoutable*, je préfère l'honneur au grade ; la croix donc.

— Vous l'aurez ; et vous aussi, Infernet. Dans quelques jours, nous irons à Saint-Cloud, où vous aurez l'honneur de saluer Sa Majesté.

4.

Infernet avait peu vu le monde; c'était un de ces Provençaux comme il n'y en a plus guère dans une certaine classe de la société; né dans la marine, d'une grande ignorance, sans éducation première, parlant le français beaucoup moins que le patois de sa province, c'était un vrai matelot; mais un bon et courageux matelot, don on pourrait dire à peu près ce que Chrysale disait des femmes de nos pères qui ne lisaient point, mais qui vivaient bien :

Infernet parlait mal ; mais il se battait bien.

L'idée de se trouver en présence de l'emreur, l'intimidait assurément beaucoup plus que ne l'avait intimidé sa position au milieu de six ou sept vaisseaux ennemis. Avant sa présentation officielle, il voulait voir Napoléon et se frotter un peu aux courtisans, pour savoir comment les choses se pratiquaient dans les salons de Saint-Cloud. Il alla donc à la cour, s'informa et ne parut pas moins sauvage aux habitans des antichambres que, dans des circonstances analogues, ne l'avait paru, dit on, Jean-Barth aux petits marquis de l'œil-de-bœuf de Versailles. Seulement il n'avait pas cru devoir s'affubler d'un habit de drap d'or, doublé de drap d'argent, costume ridicule que la tradition prête au chevalier dunkerquois. Il était en uniforme de capitaine de vaisseau, ce qui, joint à sa taille gigantesque, le fit remarquer de l'empereur, quand il se trouva sur son passage. Oh! comme le cœur lui battit, lorsque ses yeux rencontrèrent ceux de Napoléon, et qu'il vit le monarque s'avancer vers lui! Il s'affermit sur ses deux jambes que la peur affaiblissait, et se dit, j'en suis sûr, en lui-même: « Allons, capitaine Infernet, mon ami, tiens bon sur tes ancres! ne va pas chasser devant ton empereur; il ne te mangera pas! »

L'empereur est devant le capitaine, s'arrête, le regarde avec bonté, et lui dit d'un ton amical :

— Ah! vous voilà, Lucas!

— Sire, répond en s'inclinant Infernet, dont cette méprise augmenta le trouble ; sire, ze ne suis pas Lucas, mais Infernet. Voï, Louis-Antoine-Cyprien Infernet, capitaine de l'*Intrépide*, puis, pour servir votre mazesté, si z'en étais capable.

— Vous m'avez déjà très-bien servi, Infernet. Je suis content de vous, et la France vous tiendra compte de votre dévouement.

— Vous êtes bien bon, mazesté; et pour ce qui est de la France, voï......

— Nous nous reverrons, capitaine Infernet.

— Quand vous voudrez, sire ; ze ne demande pas mieux..... c'est un honneur..... c'est un plaisir.....

Il salue encore, et cherche à finir sa phrase, que l'empereur est déjà bien loin. On entoure

Infernet, on le félicite du bonheur qu'il a de plaire à sa majesté ; on l'appelle sur son terrain, on lui parle de son combat, et il raconte Trafalgar avec une énergie, une vivacité, une originalité d'expressions tout à lui, enfin comme j'aurais bien voulu vous le raconter.

Le 4 mai, le ministre Decrès conduisit Infernet et Lucas à l'audience de l'empereur. La cour militaire était nombreuse, et de hauts fonctionnaires avaient été convoqués pour prêter serment entre les mains de sa majesté, avant de prendre possession de leurs nouveaux emplois : c'étaient le conseiller-d'état Crétet, nommé gouverneur de la banque ; Rodier, nommé sous-gouverneur ; le colonel Gay-Vernond, commandant en second de l'École Polytechnique ; Barris, président de la section civile à la cour de cassation ; Montalivet, directeur-général des ponts-et-chaussées, le général de division Régnier, grand officier de la légion-d'honneur ; Lhomond, conseiller-d'état, préfet de Seine-et-Oise, et Charles Lameth, préfet de la Roër. Les deux capitaines de vaisseau, Infernet, si grand, qui n'avait pas moins de cinq pieds dix pouces ; Lucas, si petit, qui avait à peine quatre pieds neuf pouces, devinrent l'objet de l'attention générale ; c'était à qui leur ferait fête dans ce château de St-Cloud, où l'on savait apprécier les grands services rendus à la patrie. Ils retrouvèrent là tout l'empressement, toute la loyauté des bonnes soirées de Reading, et ils le dirent à l'honneur des Anglais.

— L'empereur : messieurs !

Aussitôt toutes les conversations cessent; on se range en silence et respectueusement aux places que l'étiquette assigne à chacun. En avant du demi-cercle, brodé, doré, couvert de costumes éclatans et de brillantes décorations, sont appelés Lucas et Infernet. Napoléon est sur son siège ; il salue, se couvre de son petit chapeau et s'asseoit.

— Sire, dit l'amiral Decrès, j'ai l'honneur de présenter à votre majesté, messieurs Lucas et Infernet, capitaines de ses vaisseaux, qui commandaient, le premier, le *Redoutable*, l'autre l'*Intrépide*, à l'affaire de Trafalgar.

L'empereur salue de la main les deux officiers de marine, leur adresse la parole en ces termes :

— Messieurs, si tous mes vaisseaux s'étaient conduits comme ceux que vous commandiez, la victoire n'aurait pas été incertaine. Je sais qu'il en est plusieurs qui ne vous ont pas imités. J'ai ordonné que des renseignemens fussent recueillis à leur égard; mais quant à vous, je n'ai pas besoin d'information. Je vous ai nommés commandans de la légion-d'honneur.... Les capitaines des vaisseaux qui, au lieu d'aborder l'ennemi, se sont tenus hors la portée des canons, seront poursuivis, et, certes, s'il y a lieu, il en sera fait un exemple éclatant.

— Voï, dit tout bas Infernet, des gredins qui nous ont laissé éçarper, et n'ont pas eu le cœur de venir nous aider.

— Approchez, ajouta l'empereur.

Ils approchent, et quand ils sont au pied du trône, Napoléon se lève, et prenant de la main du grand-chancelier de la légion-d'honneur, les grandes croix d'or pendues au large ruban rouge dont il veut décorer les capitaines, il les leur passe successivement au cou, en leur disant : « Adieu, continuez à mériter mon estime. »

— Ze n'y manquerai pas, Sire ; ce cordon que votre mazesté a passé à mon cou, il me tiendrait ferme à mon poste, quand ze n'y serais pas porté de cœur, comme un hauban tient un mât à sa place.

Ces derniers mots ne parviennent qu'aux oreilles de Lucas qui rit de la comparaison marine.

Au sortir de l'audience, Infernet à qui ce moment a été un des plus beaux jours de sa vie, dit à son camarade :

— Voyez mon cer, c'est un plaisir que de servir sous un grand homme qui sait récompenser.

— Oui, répondit Lucas; mais saura-t-il punir?

Dumanoir fut envoyé, en octobre 1811, commander la marine de Dantzick.

COMBAT

Des Frégates Françaises la Belle-Poule et l'Aréthuse, contre une Frégate Anglaise.

(1783.)

L'amiral Keppel avait à peine appareillé de Sainte-Hélène, faisant route vers la baie de Biscaye, lorsqu'il découvrit, à peu de distance, deux vaisseaux accompagnés de deux autres bâtimens de moindre force, qui avaient l'air d'observer les mouvemens de sa flotte. C'étaient les deux frégates françaises, la *Licorne* et la *Belle-Poule*.

L'amiral se trouvait dans une position très-délicate. D'un côté, il désirait beaucoup de s'emparer de ces bâtimens, pour se procurer des renseignemens sur l'état et la position de la flotte de Brest ; de l'autre, la guerre n'était pas encore déclarée entre les deux nations, et l'on aurait pu imputer à sa témérité de l'avoir fait éclater. Il ne voyait même rien, dans les instructions des ministres, qui pût le tirer de la perplexité où il se trouvait. Elles étaient on ne saurait moins précises, et s'en remettaient, à peu près, de tout, à sa seule discrétion. Il faut ajouter que Keppel, étant d'un parti opposé à celui des ministres, sa conduite, dans le cas où il aurait commencé les hostilités, pouvait être interprétée d'une manière défavorable, en attribuant à des préventions politiques ce qui pouvait n'être que le résultat inévitable des circonstances.

Keppel, dans ce pénible embarras, n'écoutant que son amour pour sa patrie, aima mieux la servir, à ses propres périls, que de la compromettre par son indécision. En conséquence, il commanda de donner chasse aux bâtimens français. Entre cinq et six heures du soir, la frégate anglaise, le *Milfort*, arriva sur la *Licorne*, et l'officier qui la commandait, somma en termes très-mesurés, le capitaine français de se rendre sous la poupe de l'amiral Keppel. Le Français refusa d'abord; mais, voyant avancer le vaisseau de ligne, l'*Hector*, qui lui tira un coup, à boulet, il se soumit à sa destinée, et, suivant l'*Hector*, il prit rang dans la flotte anglaise.

Pendant ce temps, le capitaine Marshall, avec sa frégate l'*Aréthuse*, de vingt-huit pièces de six, de concert avec le sloop l'*Alerte*, de dix canons, se portait sur la *Belle-Poule*, armée de vingt-six canons de douze, et accompagnée d'une corvette de dix canons. L'*A-*

réthuse, meilleure voilière, arriva, vers six heures du soir, à portée de fusil de la *Belle-Poule*, et lui intima l'ordre qu'elle avait de l'envoyer sous la poupe de l'amiral. Le capitaine français, Chadeau de la Clocheterie, s'y refusa nettement. L'Anglais lui tira un boulet par son travers, et Chadeau y répondit par toute sa bordée.

Il s'engagea aussitôt entre les deux frégates le combat le plus acharné. Animés par une égale émulation, et par le désir de remporter la victoire dans cette première action, les équipages déployèrent une valeur inouïe. Depuis deux heures, ils étaient aux prises, se faisant réciproquement d'autant plus de mal, que la mer était calme, et que les bâtimens étaient extrêmement rapprochés. Si les Français avaient pour eux le calibre de leur artillerie, la force de leur équipage et la proximité de leurs côtes, les Anglais étaient avantagés par le nombre des pièces, et surtout par la présence de deux vaisseaux de ligne, le *Vaillant* et le *Monarch*, qui, bien que le calme les empêchât de s'approcher assez pour prendre part à l'action, inquiétaient cependant vivement le capitaine français, et le gênaient singulièrement dans ses manœuvres. Enfin, après un engagement opiniâtre, la frégate anglaise, se voyant aussi près des côtes de France, désespérant de pouvoir s'emparer de son adversaire, et étant extrêmement maltraitée dans ses mâts, ses vergues et ses voilures, profita, pour s'éloigner, d'une légère brise, qui s'éleva dans ce moment; elle fut ensuite emmenée à la remorque, par le *Vaillant* et le *Monarch*. Pendant sa retraite, les Français lui envoyèrent encore cinquante boulets : elle ne leur en rendit pas un seul. La *Belle-Poule* l'aurait même poursuivie, sans les avaries qu'elle avait reçues elle-même, et surtout sans la proximité des deux vaisseaux de haut bord, et même de toute la flotte ennemie.

Jugeant convenable de se mettre en sûreté, la Clocheterie alla jeter l'ancre, pendant la nuit, au milieu des bas-fonds, près Plouascat. Le lendemain, les deux vaisseaux anglais vinrent l'observer, pour reconnaître les moyens de s'approcher de la frégate et de la forcer à se rendre; mais, trouvant dans les rochers des obstacles insurmontables, ils renoncèrent à toute tentative, et allèrent se rallier à la flotte. Pour les mêmes causes, et dans le même temps, le sloop anglais et la corvette française s'engagèrent avec une égale fureur, mais avec un succès différent. Après une heure de la plus rigoureuse résistance, la corvette amena.

L'*Aréthuse*, dans ce combat, eut huit hommes tués, et trente-six de blessés. La *Belle-Poule* compta quarante-cinq morts, et ses blessés s'élevèrent à cinquante-sept. Parmi les premiers, se trouvait Saint-Marsault, lieutenant de frégate, et, au nombre des seconds, Laroche de Kerandraon, l'enseigne Bouvet, officier auxiliaire, et la Clocheterie lui-même, qui reçut deux contusions.

Dans la matinée, la frégate la *Licorne*, qui marchait au milieu de la flotte de Keppel, ayant fait un mouvement qui donna quelque soupçon aux Anglais, ils lui tirèrent un boulet, en avant de sa proue, pour l'avertir de faire route, de concert avec les autres vaisseaux. Sur-le-champ, à la grande surprise de l'amiral et de toute la flotte anglaise, elle répondit par une bordée entière, et une décharge de toute sa mousqueterie, dirigées contre l'*América*, vaisseau de soixante canons, commandé par Longfort, qui se trouvait le plus près d'elle. Aussitôt après, elle amena son pavillon, comme si, fatiguée de cet état mitoyen, entre la paix et la guerre, dans lequel on la retenait, elle eût préféré, quoique prisonnière, se constituer en guerre ouverte. Keppel l'envoya à Portsmouth.

Dans le même temps, une autre frégate française, la *Pallas*, tomba dans la flotte anglaise: l'amiral la fit amariner. Telle fut sa conduite à l'égard des bâtimens français armés en guerre. Quant aux navires du commerce, quoiqu'il en trouvât un très-grand nombre à sa portée, il les laissa tranquillement continuer leur route, ne croyant pas avoir le droit de les arrêter.

Le combat de la *Belle-Poule* fit une grande sensation en France, où le souvenir de tant d'échecs était encore récent ; et il est indubitable que les officiers et tout l'équipage de cette frégate avaient fait éclater autant de valeur que d'habileté. Leur glorieuse conduite excita une joie sincère, et on eut soin de l'exalter, pour animer l'esprit public par ces brillans débuts.

Le roi se montra prodigue de grâces envers ceux qui avaient combattu. Il nomma la Clochèterie capitaine de vaisseau, Bouvet lieutenant de frégate, et donna la croix de Saint-Louis à Laroche Kerandraon. Des pensions furent accordées à la sœur de Saint-Marsault, ainsi qu'aux veuves et aux enfans de ceux qui avaient péri dans l'action.

Les Anglais ne furent pas aussi généreux envers le capitaine Marshall, ni envers Fairfax, commandant du Sloop ; néanmoins, ils reçurent les éloges de l'amirauté et de leur concitoyens. C'est toujours quelque chose.

COMBAT
ENTRE
LA SURVEILLANTE ET LE QUÉBEC.
PAUL JONES ET PÉARSON.
(1783.)

Le comte d'Orvilliers avait fait sortir de Brest, pour éclairer les mouvemens de la flotte britannique, la frégate la *Surveillante*, commandée par le chevalier du Couédic, et le cutter l'*Expédition*, aux ordres du vicomte de Roquefeuil. Ces deux bâtimens firent rencontre, à la hauteur de l'île d'Ouessant, de la frégate anglaise le *Québec*, capitaine Farmer. Elle était suivie également d'un cutter, appelé le *Rambler*. Les uns et les autres s'attaquèrent aussitôt avec fureur.

Les forces, l'habileté, la bravoure, étant égales des deux côtés, l'action dura trois heures et demie. Les frégates étaient engagées de si près, que plusieurs fois, leurs vergues s'embarrassèrent. Leur artillerie avait déjà fait un ravage affreux ; les ponts étaient couverts de morts et de blessés, leurs mâts fracassés et abattus ; elles ne pouvaient plus gouverner. Ni l'une ni l'autre ne semblait cependant disposée à battre en retraite ou à se rendre.

Le capitaine français reçoit une blessure à la tête, et perd connaissance; mais, revenu à lui, il reprend aussitôt le commandement. Deux nouvelles blessures, dans le ventre, ne peuvent le contraindre à se retirer : au contraire, il ordonne l'abordage.

Farmer, de son côté, déploie un courage indomptable. Les Français, pour se frayer un chemin à l'abordage, jettent une grande quantité de grenades à bord du *Québec*, dont les voiles s'enflamment, et, en peu d'instans, le feu atteint jusqu'aux gaillards. L'Anglais travaille à l'éteindre, et refuse opiniâtrement d'amener. Du Couédic se voit forcé de s'éloigner, pour éviter l'incendie; mais il n'y parvient qu'avec beaucoup de difficulté, son beaupré s'étant engagé dans le gréement de l'ennemi. Enfin, le feu prend aux poudres de la frégate anglaise, et elle saute avant d'avoir baisssé son pavillon. Brave Farmer, tu méritais d'être né en France! ton glorieux trépas prouve que, quoiqu'ils soient clair-semés, la Grande-Bretagne a aussi ses héros.

N'écoutant plus, alors, que des sentimens d'humanité, qu'on ne peut assez honorer, le capitaine de la *Surveillante* mit tous ses soins à sauver le plus grand nombre possible de ses ennemis, qui, pour échapper aux flammes, se précipitèrent en foule dans la mer. On ne put en retirer que quarante-trois, reste infortuné de trois cents hommes qui composaient l'équipage du *Québec*.

Farmer fut englouti avec les débris de son navire. La frégate française était hors d'état de se mouvoir. Le cutter l'*Expédition* se dégagea du *Rambler*, qu'il combattait avec avantage, pour se porter au secours de la *Surveillante*. Il la prit à la remorque, et la conduisit le lendemain dans le port de Brest.

Fidèle à ses propres exemples et à ceux des nations civilisées, le cabinet de Versailles renvoya libres les quarante-trois Anglais tombés au pouvoir de la France, ne voulant pas retenir prisonniers ceux qui, dans le même jour, avaient échappé à la fureur des hommes, du canon, des flammes et des eaux. Les Français eurent dans cette action quarante morts et cent blessés.

Louis XVI éleva le chevalier de Couédic au grade de capitaine de vaisseau; mais il ne put jouir long-temps de la haute réputation que lui avaient acquise sa valeur et son humanité. Mort des suites de ses blessures, il fut vivement regretté, et son nom fut prononcé avec distinction dans toute l'Europe, mais nulle part plus qu'en Angleterre.

Peu de jours auparavant, les côtes de la Grande Bretagne avaient été témoins d'un combat non moins sanglant, et non moins honorable pour les deux partis. Paul Jones, écossais de naissance, mais attaché au service des Etats-Unis, avait établi sa croisière, d'abord dans les mers d'Irlande, puis dans celles d'Ecosse, et il y attendait l'occasion de faire quelque prise, ou, selon son usage, de descendre sur quelque point de la côte, pour en piller les habitans.

Son escadrille était composée du *Bonhomme Richard*, de quarante canons, et de l'*Alliance*, de trente-six, bâtimens américains; en outre, de la frégate française, la *Pallas*, à la solde du congrès, et de deux autres vaisseaux de moindre rang. Il rencontra une flotte marchande anglaise, qui revenait de la Baltique, sous l'escorte du capitaine Pearson, commandant la frégate le *Sérapis*, de quarante-quatre canons, et la *Comtesse de Scarborough*, de vingt.

L'Anglais n'a pas plus tôt aperçu l'Américain, qu'il force de voiles, pour le combattre, tandis que les bâtimens marchands cherchent à gagner la côte. Paul Jones se forme en ordre de bataille. Les deux ennemis se portent l'un sur l'autre avec résolution, à la chute du jour, et le combat s'engage avec une valeur égale. Le *Sérapis* avait l'avantage de l'échantillon et des manœuvres; Paul Jones, pour le lui ôter, prend le parti de combattre plus serré, et s'avance au point que les deux frégates s'engagent vergue à vergue. Les sabords même sont si rapprochés, que, de part et d'autre, la volée des canons se touche. On continue, dans cette position difficile, à se battre depuis huit heures du soir jusqu'à dix, avec une intrépidité qui tient de la fureur.

Cependant l'artillerie des Américains commençait à affaiblir. Le *Bonhomme Richard* ayant reçu plusieurs boulets de gros calibre, à fleur d'eau, il ne lui était plus possible de de faire usage de ses batteries basses; et, dans la batterie haute, deux ou trois pièces avaient crevé, en tuant les canonniers qui les servaient. Il ne lui en restaient plus que trois en état de tirer, et il les employait contre la mâture de la frégate ennemie.

Voyant le peu d'efficacité des boulets enchaînés ou ramés, Paul Jones a recours à un autre moyen de combattre, et lance, sur le bord anglais, de nombreuses grenades et des feux d'artifice; mais déjà le bâtiment qu'il monte fait eau de toutes parts, et menace de couler. Quelques officiers s'apercevant de cet état de détresse, lui demandent s'il pense à se rendre. « Non! certainement, » leur répond-il d'une voix terrible, et il ne s'occupe plus qu'à faire jeter de nouveaux feux. Plusieurs parties du *Sérapis* sont embrasées, et les Anglais, à peine, peuvent éteindre les flammes. Une gargousse enfin ayant pris feu, l'explosion se communique, en un instant, à toutes les autres, et produit une terrible détonnation. Tout ce qui se trouve auprès de l'artimon tombe, frappé de mort, et les canons de l'arrière du navire sont démontés. Pearson, cependant, ne se laisse point abattre par cet accident, et ordonne l'abordage : Paul Jones se dispose à le repousser. Les Anglais, en se lançant sur son bord, trouvent les Américains prêts à les recevoir, la pique basse, et s'empressent de repasser sur leur bâtiment.

Le feu, dans l'intervalle, s'était communiqué du *Sérapis* au *Bonhomme Richard*, et tous deux étaient la proie des flammes. Aucun péril ne pouvait ébranler ces hommes intrépides. L'obscurité était profonde ; les combattans ne s'apercevaient plus qu'à la lueur de l'incendie, et à travers des tourbillons de fumée, tandis que la mer était éclairée au loin.

Dans cet instant, survint l'autre frégate américaine, l'*Alliance*. Ne distingant, au milieu de cette confusion, ni amis, ni ennemis, elle lâcha toute sa bordée au *Bonhomme Richard*, et lui tua une partie des défenseurs qui lui restaient. Dès que son erreur fut dissipée, elle se porta avec un surcroît de furie, contre le *Sérapis*. Alors, le valeureux Anglais, voyant une partie des siens morts ou blessés, son artillerie démontée, son navire démâté, et brûlant de toutes parts, amena son pavillon.

On travailla, en commun, à éteindre les flammes et l'on y réussit enfin. On fut moins heureux dans les efforts que l'on fit pour boucher les nombreuses voies d'eau du *Bonhomme Richard*, qui coula le lendemain de l'action.

De trois cent soixante-quinze hommes, qui composaient son équipage, trois cents furent tués ou blessés. Les Anglais n'eurent que quarante-neuf morts, et leurs blessés ne s'élevèrent pas au-dessus de soixante-huit.

Les fastes de la marine offrent peu d'exemples d'un engagement aussi effroyable, par l'acharnement des deux partis. Pendant ce temps, la *Pallas* avait attaqué la *Comtesse de Scarborough*, et s'en était emparée, non sans une vive résistance. Paul Jones, après une victoire aussi disputée et aussi déplorable, erra, durant quelques jours, au gré des vents, dans la mer du Nord, avec ses bâtimens délabrés, et parvint enfin à relâcher au Texel,

COURSE
DU CORSAIRE L'AMPHYTRITE.

En 1798, le corsaire l'*Amphytrite*, portant dix-huit canons, partit du port nord-ouest de l'Isle de France, où il avait été armé, pour aller atteindre dans la mer Rouge deux bâtimens qui, chaque année, transportaient à la Mecque les riches offrandes des Arabes de la côte Malabar.

A peine ce corsaire, commandé par le capitaine Malerousse, était-il entré dans le golfe, qu'il rencontra un trois-mâts qui, à son approche, arbora le pavillon anglais. Le pont de ce navire était couvert d'Arabes; il portait vingt-quatre canons, et le capitaine Malerousse le reconnut promptement pour être l'un des deux bâtimens qu'il était venu chercher dans ces parages. En un instant, les dispositions du combat sont prises de part et d'autres, et malgré l'infériorité numérique de son artillerie et de son équipage, l'*Amphytrite* n'hésite pas à attaquer l'ennemi qu'elle était venue chercher. Le canon tonne; au bout de quelques heures d'engagement, le galion amène son pavillon; on l'amarine; les objets les plus précieux de sa cargaison sont transportés à bord de l'*Amphytrite*: quelques hommes du *Corsaire* forment le nouvel équipage qui doit ramener la capture à l'Ile de France, et les Arabes vaincus qui montaient la *Perle*, sont renvoyés à terre sur des embarcations du pays.

Après avoir obtenu si heureusement et en si peu de temps, un succès qui venait d'enrichir tous les hommes de l'*Amphytrite*, le capitaine Malerousse ne songeait plus qu'à quitter le golfe avec la prise qu'il faisait gouverner dans ses eaux. Mais la mer qui, jusque-là, semblait avoir favorisé son entreprise au-delà de ses espérances, lui réservait un de ces malheurs qui accompagnent presque toujours à la mer les réussites trop promptes et les faveurs inespérées.

Quatre jours s'étaient écoulés depuis la capture de la *Perle*, lorsque l'*Amphytrite* aperçut derrière elle deux navires de différentes grosseurs, qui paraissaient lui donner la chasse. La supériorité de marche de ces deux bâtimens mit bientôt le capitaine français à même de prévoir à quelle sorte d'adversaires il allait dans peu avoir à faire.

L'un de ces navires chasseurs était un trois-mâts encore plus fort que la *Perle*; l'autre une goëlette qui lui servait de mouche.

On présuma avec raison à bord du corsaire, que les pêcheurs de la côte ayant informé le second galion destiné pour la Mecque, du sort qu'avait éprouvé la *Perle*, ce second galion venait chercher à disputer à l'*Amphytrite* les trésors et la prise qu'elle avait conquis.

A midi, malgré la répugnance qu'avait pour entamer un autre combat, l'opulent équipage de l'*Amphytrite*, il fallut accepter forcément l'engagement que l'avantage de marche mettait la corvette ennemie en position de présenter à l'*Amphytrite*.

Pendant toute la journée, on se canonna avec un égal acharnement, sans qu'aucun des navires parût obtenir un avantage marqué sur l'autre. La prise de l'*Amphytrite* et la goëlette servant de mouche à la corvette le *Trinquemalet* (c'était le nom du nouvel assaillant) étaient restées spectatrices presque indifférentes de ce long combat encore si peu décisif. Cependant, vers l'approche de la nuit, et avec la brise plus fraîche qui verdissait à l'horizon, le mât d'artimon du *Trinquemalet*, sans doute avarié par la mitraille, tombe sur l'avant en masquant de tout le fardage de son gréement, le côté de la batterie de la corvette sur lequel le mât venait d'opérer sa chute. Cette circonstance engagea le capitaine Malerousse à profiter de la confusion qu'elle devait jeter à bord de l'ennemi, pour fuir à la faveur de l'obscurité. Mais au moment où l'*Amphytrite* allait prendre chasse; son mât de misaine tomba sur son pont, avec tous ses agrès, comme était tombé, quelques minutes avant, le mât d'artimon de la corvette.

Il fallut dès-lors renoncer à prendre chasse, et se résigner à combattre jusqu'au bout.

La prise la *Perle* et la goëlette du *Trinquemalet* qui, jusque-là, semblaient être restées neutres dans l'action, commencèrent à se canonner aussi, mais avec trop d'infériorité du côté de la *Perle* qui, avec un faible équipage, ne pouvait que manœuvrer lourdement et ne diriger qu'un feu mal nourri sur son adversaire qui, fier de la force numérique de son équipage, cherchait l'abordage que la *Perle* était réduite à éviter.

L'issue de cette espèce de partie carrée entre les quatre navires, devenait, comme on le voit, fort incertaine, et les probabilités d'un avantage plus certain ne paraissaient pas devoir tourner du côté des Français.

Cependant, vers minuit, le grand mât de hune de la corvette s'abattit sous le vent avec son grand hunier, et alla masquer encore une fois la batterie que la chute de son mât d'artimon avait déjà masquée.

Trop peu maîtres de leur manœuvre, avec les avaries qu'ils venaient d'éprouver, pour agir comme ils l'auraient voulu, les deux navires combattans dérivaient l'un sur l'autre, sans chercher l'abordage qui allait avoir lieu.

Les deux navires, en effet, par suite de l'abattée de l'un et de l'oloffée de l'autre, s'abordent de bout en bout. Le combat corps à corps s'engage par l'avant sur le gaillard du *Trinquemalet*. En moins de dix minutes, les Français se rendent maîtres de ce gaillard d'avant, que les Anglais, supérieurs en nombre, leur disputent pouce à pouce, pied à pied. Bientôt les vainqueurs, élargissent à grands coups de sabres et de piques, le théâtre du carnage, parviennent à refouler les ennemis jusque sur le gaillard d'arrière, et à leur faire abandonner le pont, couvert de sang et de cadavres. Tout annonce que la corvette s'est rendue et que toute résistance est devenue impossible...

Mais à la grande surprise des corsaires, les Anglais, qu'ils croyaient avoir vaincus, s'efforcent de prolonger la lutte : en envoyant par les panneaux du pont et par les sabords de la batteries, des coups de fusil et des coups de canons même, sur les matelots qui se sont emparés des gaillards de la corvette, ou sur ceux qui sont restés à bord de l'*Amphytrite*.

Pour éteindre le feu de la batterie, les Français ne trouvent d'autre moyen que de couper les itagues des *mantelets* de sabord, c'est-à-dire les cordages qui tiennent élevées ces sortes de petites portes avec lesquelles on ferme les sabords quand les canons sont rentrés dans la batterie. Mais les Anglais, quoique les issues par lesquelles sort la gueule de leurs pièces se trouvent pour ainsi dire bouchées par les mantelets de sabords qu'on a fait tomber sur leurs ouvertures, continuent à faire feu, même à travers ces mantelets si épais et si lourds.

On ne pouvait prévoir comment aurait fini cet abordage, déjà si meurtrier, qui durait depuis une demi-heure, sans l'accident terrible et inattendu qui vint y mettre un terme.

Des cris horribles, des cris d'épouvante et d'horreur sortent de la batterie dans laquelle se sont refugiés les Anglais. A ces cris succède une immense clarté à laquelle l'obscurité de la nuit prête encore plus de vivacité. Les Français effrayés, jusque-là maîtres du pont de la corvette, s'élancent à leur bord pour fuir la mort qu'ils ont eu le temps d'entrevoir dans l'incendie qui gagne partout. Une détonation dont il n'est donné à aucune plume, à aucun pinceau, à aucune expression humaine de rendre l'idée, se fait entendre. C'est un volcan qui vient d'éclater le long de l'*Amphytrite*, en vomissant dans l'air un cratère au milieu duquel ont disparu, morcelés, foudroyés, tous les fragmens, tous les restes, tout l'équipage de la corvette anglaise !

Les marins français, sortant comme des gouffres de l'enfer, après cette épouvantable explosion, sont étonnés et presque effrayés de se retrouver vivans sous le pont croulant de leur navire bouleversé!... On saute aux pompes : le batiment disjoint dans toutes parties par l'effet de l'horrible secousse à laquelle il a cependant résisté encore, comme par miracle, va couler; l'eau gagne : les blessés, écrasés par la chute des objets qui retombent sur le pont, après avoir volé dans l'air avec le tourbillon de feu qui s'est éteint après l'explosion, crient, supplient, implorent leurs camarades pour qu'on les sauve de la mer qu'ils entrevoient au sein de cette scène effroyable : on ordonne confusément de mettre les embarcations à la mer... Mais comment tiendront-elles à flot, criblées, déchirées comme elles le sont par la mitraille? On restera à bord jusqu'au moment où le navire disparaîtra sous les pieds de l'équipage, ou jusqu'à ce que la chaloupe, bouchée à la hâte, puisse recevoir les blessés et le petit nombre de ceux qui ont survécu au combat... Quelques blessés placés dans la cale. se traînent, tout sanglans, jusqu'à l'ouverture des panneaux, et s'appuyant de leurs mains défaillantes sur le rebord des écoutilles, il cherchent à fuir l'eau qui remplit déjà le bâtiment... La chaloupe est cependant mise à la mer : les plus agiles se précipitent dans cette frêle embarcation : le capitaine s'y jette le dernier... On s'éloigne du bord pour rejoindre la prise, qui approche, suivie de la goëlette qui ne la combat plus, tant l'horreur de l'éxplosion de la corvette à rempli de terreur tous les témoins de cette catastrophe... Le capitaine se rappelle qu'il a oublié à bord de son navire des papiers qu'il aurait pu sauver. Il donne ordre aux canotiers de retourner vers le navire qui va disparaître sous les flots... On aborde le corsaire, presqu'entièrement submergé : le capitaine est descendu dans sa chambre, remplie d'eau. Un bonheur inattendu a secondé son audace : il remonte avec ses papiers, le navire n'a pas encore disparu, et la chaloupe l'attend encore le long du bord ; mais au moment de remettre le pied dans l'embarcation, le malheureux Malerousse sent un obstacle sur sa tête : c'est le filet de casse-tête, qu'avant le combat on avait étendu sur le gaillard d'arrière : il veut se dégager de ce filet dans lequel il se débat, au moment où le navire va s'engloutir sous ses pas. Inutiles efforts ! le navire disparaît comme dans un gouffre, au milieu des flots, avec son brave capitaine, et en entraînant dans l'abîme qui s'entr'ouvre, l'embarcation amarrée près de lui.

Les malheureux hommes qui montaient la

chaloupe, qui coule, se jettent à la nage, et parviennent à regagner la *Perle*, qui, quelques jours après ce funeste événement, regagna l'Ile-de-France ; la *Perle* seule reste de tant de richesses, et dernier témoin d'une aussi grande catastrophe !

(*Extrait de la France maritime.*)

COMBAT D'ABOUKIR.

Après avoir débarqué l'armée française sur le sol égyptien, l'amiral Brueys avait jeté l'ancre dans la rade d'Aboukir.

A la confiance qu'il avait de demeurer vainqueur, en cas qu'il fût attaqué, se joignait la conviction que l'ennemi n'oserait tenter de venir le combattre dans une baie peu connue des navigateurs provençaux eux-mêmes, et qu'il supposait, par conséquent, presque entièrement ignorée des marins anglais.

La question de savoir si l'on s'embosserait, ou si l'on combattrait à la voile, fut agitée dans un conseil composé des contre-amiraux et des capitaines de l'escadre. Seul, Blanquet-Duchayla insista pour qu'on levât l'ancre, dès qu'on serait instruit de l'approche de Nelson, et pour qu'on se portât au-devant de ses forces, afin de les combattre à la voile, soutenant, que ce n'est qu'appuyé sur des forts bien armés et qui se croisent, qu'une escadre peut s'embosser avec quelque avantage. L'événement ne va que trop prouver la justesse de ce raisonnement.

L'*Heureux* a signalé l'escadre anglaise. Aussitôt est hissé à bord de l'*Orient* le signal de « branlement-général-partout. » L'*Alerte* et le *Railleur* appareillent en même temps, feignant d'aller reconnaître l'ennemi et exécuter un ordre secret. Cet ordre avait pour but de tromper l'ennemi sur la profondeur de l'eau dans certains endroits dangereux et de l'attirer sur des écueils. L'*Alerte* le met à exécution; il s'approche jusqu'à portée de canon des vaisseaux anglais, et, comme s'il les eût reconnus seulement alors pour ennemis, et qu'il voulût se dérober à eux par une prompte fuite, il se couvrit de voiles et se retira vers la rade, en passant sur les bas-fonds qui se trouvent au large de l'îlot d'Aboukir. Soupçonnant peut-être la ruse, Nelson ne donna pas dans le piége qu'on lui tendait, et manœuvra comme s'il eût eu de bons pilotes à bord de son escadre.

L'intention de l'amiral anglais une fois connue, Brueys fait mettre en croix les perroquets à toute l'escadre, ce qui semble annoncer la volonté de combattre sous voiles ; mais, bientôt après, commandant d'amener les pavillons et les flammes frappés aux divers mâts des bâtimens, il est clair pour tout le monde que c'est à l'ancre qu'on attendra l'ennemi. On s'embosse : l'escadre anglaise, qui, jusque-là s'était avancée pêle-mêle, se forme en ligne de bataille, tribord-amures, avec rapidité et précision. Des deux côtés les pavillons sont arborés ; le feu commence à portée de pistolet. Les Anglais le reçoivent sans riposter, ne pouvant se déranger de leur route, pour présenter le travers et faire porter leurs canons sur l'escadre française. Les avaries qu'ils éprouvent, les hommes qui leur sont mis hors de combat n'arrêtent pas leur marche.

Le *Goliath* double, sur l'avant, le *Guerrier*, auquel il envoie une bordée en passant. La position des vaisseaux de Nelson est telle, que l'avant-garde et le centre de l'escadre républicaine ne peuvent manquer de succomber, si l'arrière-garde tarde à venir prendre part à l'action. Elle demeure paisible spectatrice de leur défaite. La nuit approchait ; de part et d'autre on se battait avec acharnement. Bientôt les ténèbres couvrirent la baie, et le combat continua dans l'obscurité avec une ardeur extraordinaire, et d'autant plus remarquable de là part des Français, que les vaisseaux attaqués des deux bords, ou exposés à l'être, avaient chacun de cent cinquante à deux cents marins de moins que le complet de son équipage.

Deux vaisseaux que Neslon avait détachés pour reconnaître le port d'Alexandrie, et qui n'avaient encore pu se rallier, arrivèrent après la nuit close, et se placèrent de manière à ajouter à l'avantage du lieu qu'occupaient les assaillans. L'*Alexander*, à qui sa faiblesse ne permettait pas de prêter long temps le côté à un des vaisseaux français, jeta l'ancre en travers sur l'avant du *Franklin*, dans un intervalle déjà considérable, et devenu plus grand par l'éloignement du *Peuple-Souverain*, que la rupture de ses câbles avait forcé à quitter son poste et à tomber sous le vent de la ligne. De cette manière, tous les boulets du *Lœander*, qui n'atteignaient pas le *Franklin*, frappaient à bord de l'*Orient*, du *Tonnant* ou de tout autre vaisseau.

L'issue du combat n'est plus douteuse. Le courage des Français, cernés par Neslon, ne peut les soustraire au sort qui les attend. L'inaction de l'arrière-garde les condamne à être détruits ou à devenir la proie de l'ennemi. Sur toute la ligne le carnage continue ; la même ardeur anime les officiers, les soldats et les matelots. Brueys, qui n'a point quitté la dunette de l'*Orient*, est frappé d'un boulet. « Un amiral doit mourir sur son banc-de-quart ! » dit-il à ceux qui veulent le porter au poste du chirurgien. Au bout d'un quart-d'heure, il expire. Le capitaine de pavillon, Casa-Bianca, grièvement blessé, tombe peu de temps après. Soit que l'équipage de l'*Orient* ignore la perte qu'il vient de faire de deux de ses chefs, soit qu'il ait assez de courage pour se mettre au-dessus d'un pareil malheur, il persiste à se battre avec intrépidité. Le sang coule également sur les bords anglais. Atteint à la tête d'un morceau de mitraille, Neslon croit sa blessure mortelle, se fait descendre au poste, et demande le chapelain pour l'assister dans ses derniers momens.

Mais il est temps de terminer par une scène horriblement pittoresque, ce récit d'une affaire malheureuse pour nos armes, dans laquelle Decrès et Villeneuve, en ne restant pas immobiles à leur poste d'embossage, auraient pu, par un mouvement de vaisseaux et de frégates fait à propos, sauver l'escadre, empêcher l'ennemi de couper la ligne, s'opposer à son passage entre la côte et l'escadre française, et le rendre lui-même victime de son audace et de sa témérité.

Le feu venait de se manifester d'une manière effrayante, sur la dunette et dans la chambre de conseil de l'*Orient*. Les Anglais, toujours prudens, et craignant de devenir la proie des flammes, s'éloignent du foyer de l'incendie, cessent de tirer sur l'amiral français, et réunissent toutes leurs forces contre le *Franklin* et le *Tonnant*.

Ces deux vaisseaux ripostent avec fermeté. Du Petit-Thouars, capitaine du *Tonnant*, criblé de blessures, ayant eu les deux bras et une jambe emportés, fait, en recevant le coup mortel, jurer à son équipage de faire sauter la sainte-barbe, plutôt que de se rendre, et ordonne de jeter son corps à la mer, pour qu'il ne tombe pas au pouvoir des Anglais, dans le cas où ils parviendraient à prendre le *Tonnant* à l'abordage, après avoir réduit ses défenseurs à l'impossibilité de les repousser.

Le capitaine du *Franklin*, Gillet, dangereusement blessé, remet le commandement de son vaisseau au capitaine de frégate, Martinet, au moment où le feu se manifeste, pour la troisième fois, à son bord. Tour à tour canonniers et pompiers, l'équipage du *Franklin*, marins et soldats, déploient dans cette circonstance critique une bravoure et un sang-froid admirables.

Cependant les flammes dévorent la mâture, l'avant et l'arrière de l'*Orient*; la clarté qu'elles répandent est telle, qu'on distingue facilement la position des deux flottes, et jusqu'à la couleur des pavillons.

Quoiqu'on ait perdu tout espoir d'arrêter l'incendie, néanmoins le vaisseau amiral continue de tirer sur les Anglais qu'il peut découvrir. On n'abandonne un poste que quand on en est chassé par le feu; c'est ainsi qu'on quitte les pièces de vingt-quatre pour se porter à celles de trente-six, et s'y battre encore, jusqu'à ce que les flammes, menaçant l'équipage d'une nouvelle évasion, les uns se précipitent par les sabords, les autres cherchent à gagner à la nage la terre ou un des vaisseaux les plus proches; ceux-là enfin s'accrochent aux nombreux débris dont la mer est partout couverte autour du vaisseau.

La chaleur de l'incendie a pénétré les soutes; la salpêtre s'embrase; l'explosion a lieu. Elle saute avec fracas, élancée jusqu'aux cieux, en immense gerbe de feu, cette masse énorme qui a si dignement soutenu l'honneur du pavillon national.

Tout ce qu'on a vu des éruptions du Vésuve et de l'Etna, tout ce qu'ont de plus terrible les coups répétés du tonnerre, et, s'il était permis d'allier l'idée d'une fête à la description d'un désastre, ce qu'on appelle bouquet des feux d'artifices, s'élevant en éclats dans les airs, et retombant en pluie ignée, tout cela n'est qu'une faible image du spectacle affreux qui s'offrit aux deux armées, restées muettes d'étonnement.

A cette éblouissante clarté, qui dérobe jusqu'à la vue des étoiles; à cette épouvantable détonation succèdent une obscurité profonde et un silence plus effrayant peut-être. Ce silence n'est interrompu d'abord que par la chute des mâts, des vergues, des canons et des débris de toute espèce, lancés à une hauteur prodigieuse. Les vaisseaux environnans courent les plus grands dangers : de tous ces objets, qui pleuvent autour d'eux, les uns peuvent les défoncer et les couler à fond, les autres les incendier. On voit même des morceaux de fer rouge, des tronçons de bois, des grelins et des palans enflammés se diriger sur le *Franklin*, et mettre, pour la quatrième fois, le feu à ce vaisseau.

Frappés d'une sorte de stupeur, les canonniers des deux flottes cessent tout-à-coup le service des batteries, et l'on ne recommence à tirer qu'un quart-d'heure après l'explosion de l'*Orient*. Ce qui suit est peu de chose, et n'a rapport qu'à l'avant-garde, qui à peine a été entamée. Six vaisseaux français et trois frégates font encore briller au mât de pavillon les couleurs nationales qui décorent leur poupe, et Villeneuve, qui a rallié les tristes restes de l'armée, sans craindre d'être poursuivi par un ennemi qui ne possède pas deux vaisseaux en état de manœuvrer, après avoir réparé de légères avaries, fait le signal d'appareiller, met à la voile, et entre à Malte, la conscience, toutefois, un peu chargée de n'avoir pas fait tout ce qu'il aurait pu faire dans cette occasion, quoiqu'il eût conservé à la France deux vaisseaux et deux frégates, le *Guillaume Tell*, le *Généreux*, la *Diane* et la *Justice*.

LA CANONNIERE 93.

La *Canonnière* 93 devait escorter, de Perros à l'Ile-de-Bas, sept à huit navires chargés de grain, et destinés à approvisionner les magasins des vivres de la marine au port de Brest.

Notre canonnière était une de ces embarcations longues et plates que Napoléon avait fait construire par milliers, pour opérer cette gigantesque descente que tant de circonstances firent manquer. Plus tard on avait cherché à utiliser les grandes chaloupes de la flotille, en leur plantant une haute mâture de brick de guerre, et en remplaçant leurs trois fortes pièces de 36 par une douzaine de petits canons de 4 ; elles qui, étroites et longues, ne calaient que quatre à cinq pieds d'eau ! Plusieurs de ces pauvres chaloupes canonnières, si fastueusement gréées, chavirèrent sous le poids de leur haute mâture, et payèrent bien cruellement ainsi l'honneur d'avoir voulu s'égaler aux grands bricks de l'Etat.

Aussi fallait-il voir la vigilance que mettaient les officiers embarqués sur ces bateaux, si peu stables, à prévenir les moindres grains ! A peine un nuage s'élevait-il un peu rapidement sur l'horizon ; à peine la brise venait-elle à verdir la mer, ou à frémir dans le gréement, qu'on amenait tout à bord, de peur de faire chavirer la barque sous l'effort de la risée. On savait qu'il y allait de la vie, et c'était avec prudence que l'on jouait sur les flots cette partie dans laquelle l'existence de tout un équipage est mise si souvent en jeu.

Les vents étaient au sud-est lorsque nous appareillâmes de Perros avec notre petit convoi. Le matin on s'était assuré, en montant au sémaphore, guindé sur la partie la plus élevée de la côte, qu'il n'y avait aucun ennemi en vue. La plus parfaite tranquillité régnait au large sur les flots : la brise était ronde, la journée paraissait devoir rester belle. En un clin d'œil nous fûmes sous voiles, laissant les Sept-îles par notre côté de tribord, et longeant, avec nos bâtimens biens ralliés, la côte de Lannion par babord. Les rochers arides que blanchissaient de belles vagues étincelantes au soleil de mai, défilaient déjà à nos yeux, et à chaque minute les formes bizarres du rivage changeaient d'aspect et de perspective. Rien n'est plus piquant, sous un ciel serein, que de voir ainsi la terre se métamorphoser sans cesse, et revêtir les couleurs et les configurations les plus diverses. C'est un vaste panorama que la mer encadre avec son mirage, ses rians fantômes, et dont le navire est le centre. Aucune illusion d'optique ne peut rendre ce spectacle, si indifférent quelquefois pour les gens qui se sont fait une habitude de naviguer au milieu des miracles de perspective et des prodiges de l'Océan.

Vers midi, le vent, qui depuis notre départ avait paru vouloir tomber, passa définitivement au sud, en faisant défiler, sous le ciel devenu grisâtre, de gros nuages chargés de pluie. Une brume épaisse s'étendit, comme un rideau, sur le groupe des Sept-îles que nous laissions déjà derrière nous, et sur la côte qui ne se montrait plus à l'horizon que comme un banc de fumée. La brise, qui nous poussait au large, nous contraignit de louvoyer, non plus pour nous rendre à l'Ile-de-Bas, mais bien pour tâcher de gagner un mouillage à terre.

Notre capitaine, brave officier, élevé dans les dangers de sa profession et accoutumé à supporter toutes les contrariétés du métier, se montra soucieux dès cet instant. Il nous ordonnait avec inquiétude de bien regarder autour du navire. Il semblait prévoir l'événement que le sort nous réservait.

Quand à nos pauvres bâtimens de convoi, ils louvoyaient aussi en ayant soin de ne pas nous perdre de vue. Ils paraissaient craindre l'approche de quelque croiseur, et rechercher par instinct notre protection contre tout événement possible; car alors les croiseurs anglais ne manquaient pas de rôder, en vrais loups, autour des faibles troupeaux de petits bâtimens que nous nous hasardions quelquefois à faire sortir de nos ports.

A dix heures on vint nous annoncer que le déjeûner était servi dans la chambre. Le capitaine ne voulut pas descendre: l'officier de quart resta sur le pont pour lui tenir compagnie et pour faire virer de bord la canonnière, chaque fois que le pilote-côtier venait conseiller d'envoyer vent devant.

Nous étions assis depuis quelques minutes autour de la table du déjeûner, lorsque nous entendîmes sur le pont un mouvement extraordinaire. Nous montâmes tous. Ceux des navires du convoi qui se trouvaient à terre de nous, venaient de laisser arriver à plat sur la canonnière. Malgré l'épaisseur de la brume, ils avaient aperçu au vent à eux un grand navire qui ne faisait pas partie du convoi. La parole nous manquait pour nous dire l'un à l'autre ce que nous venions de découvrir...

Une haute voilure de brick nous apparaît dans la brume, sous une forme aérienne. Cette voilure, avec ses contours imposans, filait avec vitesse, comme un gros nuage noir que le vent aurait poussé silencieusement au-dessus des flots. Bientôt le brick, que nous ne voyons pas encore par son travers, laisse porter sur le groupe des navires que nous escortions. C'est probablement le corsaire *le Jean-Bart*, disons-nous, qui, mouillé depuis long-temps à l'Ile-de-Bas, sera parti ce matin pour retourner à Saint-Malo. Nous nous flattions trop ; mais comment penser qu'un bâtiment ennemi osât, avec un temps pareil, approcher aussi près d'une côte aussi dangereuse ! Comment supposer que sur ces mers, où quelques heures auparavant nous n'avions pas vu un seul navire, un brick anglais fût parvenu aussitôt à se placer sous terre ? On ordonne le branle-bas de combat à notre bord. Le capitaine passe sur l'avant, un porte-voix à la main. Il crie aux bâtimens du convoi : *Continuez de louvoyer, et si l'un de vous amène pour le brick en vue, je le coule à fond.*

Le moyen de choisir si c'est un bâtiment ennemi ? Coulés par le brick s'ils n'amènent pas, ou coulés par notre canonnière s'ils amènent, nos navires se décident toutefois à louvoyer pour regagner la côte. Notre anxiété ne peut se peindre, nous si faibles et surpris au large par un navire qui paraît être si fort ! Qu'allons-nous devenir ?

Il n'était que trop fort, en effet, ce brick

qui déjà nous laisse voir une batterie très-haute, au-dessus des lames qui clapotent à peine au ras de ses sabords, ouverts comme une gueule béante qui s'apprête à vomir du sang et de la flamme.

Notre malheureux capitaine sentit qu'il fallait se sacrifier pour sauver le convoi qui lui avait été confié. Il ordonna de commencer le feu et de pointer juste.

Deux ou trois grosses lames passent sous la canonnière; on attend l'*embellie*, le navire sera plus stable. Ce moment arrive, et nous envoyons par tribord cinq coups de canon de 4 au brick anglais, qui paraît à peine en être effleuré. Cette agression semble le mettre à l'aise; il revient un peu au vent, en nous laissant voir à sa corne la queue d'un large pavillon rouge; puis après nous entendons éclater, au milieu d'un nuage de fumée blanche que vomit sa batterie, un lourd coup de foudre. Des cris partent de notre bord, la mitraille a sifflé à nos oreilles; elle a frappé plusieurs de nos hommes. Un mât de hune tombe : le capitaine hurle au porte-voix : *Enlevez les blessés! feu tribord*! Nous faisons feu; mais le fracas de l'artillerie du brick couvrait le bruit de nos petites pièces. Le combat est engagé : le brick nous approche à demi portée de pistolet : il masque son grand hunier pour ne pas nous dépasser, et dans cette position, les sifflets perçans des maîtres se font entendre : c'est le moment fatal. Une grêle de boulets et de mitraille tombe sur notre pont, balaie nos gaillards et nos passavans. Cette position n'était plus tenable; et, loin d'amener, notre capitaine nous fait entendre au contraire ce cri terrible : *A l'abordage! à l'abordage!*

Dans un moment de calme et d'affaissement, une petite voix vient glapir au panneau. C'est un mousse qui crie : *Nous coulons! nous coulons! la cale est pleine d'eau!* Les boulets de 32 du brick, pointés à la flottaison, nous avaient percés de part en part : chaque projectile avait fait deux trous par lesquels l'eau entrait par notre cale comme dans une citerne.

La barre de la canonnière est poussée à babord; le capitaine lui-même aide les timonniers à faire ce mouvement; avec l'aire que conserve encore le navire à moitié coulé, nous revenons au vent et nous abordons le brick qui nous présente le travers. Mais qui montera à l'abordage? il ne reste tout au plus que quinze à seize combattans sur notre pont, de tout un équipage de cinquante hommes. Les Anglais prennent le parti de descendre à notre bord : ils tombent par groupes sur nous. Notre capitaine, furieux, se précipite devant eux : un coup de sabre lui fait voler le sommet de la tête; deux coups de feu l'étendent mort. Les briquets voltigent sur nos têtes, les coups de feu pleuvent de tous côtés. Il n'y a plus que des morts, des blessés et des Anglais sur notre canonnière, qui menace de couler avec les vainqueurs et les vaincus. Le brick s'éloigne d'elle, laissant à notre bord les deux tiers de l'équipage qui nous a hachés et coulés.

Bientôt, heureusement, les embarcations du brick sont mises à la mer: elles recueillent nos blessés. On nous transporte à bord du bâtiment ennemi. Le capitaine anglais nous reçoit avec flegme, avec un peu de dédain même: ses hommes étaient occupés à fourbir les batteries des caronades qui venaient de nous foudroyer, et à enlever sur le pont les taches du sang que notre feu avait fait couler. Le navire qui venait de nous traiter ainsi se nommait *le Scylla*, capitaine Arthur Atchisson. Ils avaient vingt caronades de 32 en batterie, et cent vingt-cinq hommes d'équipage : il n'en fallait pas tant pour nous.

Le capitaine Atchisson fit appeler notre second, qui n'était que légèrement blessé : il ordonne à un grand homme sec, qui parlait français, d'adresser à cette officier les questions suivantes :

« Pourquoi avez-vous résisté avec si peu de monde et un navire si faible, au brick que vous voyez?

8

— Parce qu'il a plu à notre capitaine de le faire. Dites à votre commandant que je suis son prisonnier, mais que je n'ai aucun compte à lui rendre.

— Le capitaine Atchisson m'ordonne de vous demander quelle était votre intention en cherchant à l'attirer sur les roches de Kéraliès?

— Notre intention était de vous faire vous jeter sur les rochers, et de nous donner le plaisir de vous voir vous noyer en nous sauvant.

— Le capitaine me dit de vous répondre qu'il connaissait la côte tout aussi bien que vous, parce qu'il a à bord un pilote français expérimenté.

— Et quel est ce pilote?

— C'est moi.

— En ce cas, dites à votre capitaine que vous êtes une lâche canaille, et que je vous méprise trop pour répondre désormais aux questions qui me seraient faites par la bouche d'un traître de votre espèce. »

Le commandant anglais, devinant le sentiment que venait d'exprimer notre second, le retient par le bras et l'attire avec lui sur l'arrière, en ordonnant qu'on aille chercher le master.

Le master paraît: il s'exprime assez bien en français. Après avoir causé un instant avec son commandant, il dit à notre second:

« Le commandant me charge, monsieur le lieutenant, de vous présenter ses excuses, et de vous assurer qu'il méprise, autant que vous pouvez le faire vous-même, le français à qui vous attribuez avec raison votre perte. C'est un traître dont nous nous sommes servis, mais que l'on paie et que l'on ne peut estimer. Pendant tout le temps que vous passerez à bord, il lui sera interdit de paraître sur le gaillard d'arrière : c'est l'ordre du capitaine Atchisson, qui m'invite aussi à vous demander si vous voulez lui donner la main et accepter sa table. » Nous vîmes, après ces paroles, notre second et le capitaine anglais se donner affectueusement une poignée de main.

Nous fûmes traités à bord du *Scylla* avec tous les égards possibles.

Quant à notre pauvre canonnière, quelques heures après notre combat, elle coula, malgré toutes les peines que s'étaient données les Anglais pour la maintenir sur l'eau comme un trophée de leur victoire : elle coula avec nos morts sur le pont ! Le navire, que ces pauvres gens avaient défendu jusqu'au dernier soupir, leur servit de tombeau, et le pavillon, que personne n'avait songé à amener, disparut au bout du pic, sous les flots que le sang de tant d'hommes avait rougis.

Pendant la nuit, à l'heure où les Anglais nous croyaient endormis, nous entendîmes sur le pont le bruit sourd de plusieurs voix qui semblaient réciter des prières; et puis ensuite on faisait silence, et des objets qui paraissaient d'un grand poids étaient lancés à la mer : c'étaient leurs morts que les Anglais jetaient ainsi par-dessus le bord, mais avec mystère, pour nous cacher le mal que nous leur avions fait dans ce combat si inégal : c'était là une de ces coquetteries de guerre que l'on n'épargne pas même aux vaincus.

Trois jours après notre action, nous fûmes plongés, blessés, sans effets, sans secours, dans les prisons de guerre de Plymouth.

(*Extrait de la France Maritime*).

VAISSEAU AMIRAL TURC,
INCENDIÉ PAR CANARIS.

Deux guerriers, Cyriaque et Constantin Canaris, honorent particulièrement la marine des Grecs, et le xixe siècle ; car les braves appartiennent à tous les pays. Le premier, rendant grâces à Dieu de lui avoir accordé une mort glorieuse, prie ses soldats de ne pas souffrir « que la tête de Cyriaque tombe jamais au pouvoir des Turcs ; » le second se signale par une de ces actions d'éclat, que peut seul produire l'amour de la patrie, que les hommes froids ne sauraient apprécier, et dont la récompense est au-dessus de tout pouvoir humain.

Instruits que les turcs, livrées à une profonde sécurité, passaient les nuits du ramazan en fêtes, et que, alors, toute surveillance cessait dans leur armée, les Grecs résolurent d'exécuter le projet de venger enfin la cause de l'humanité, en incendiant la flotte ottomane. Ils savaient aussi que, à la nuit tombante, les vaisseaux pavoisés allumaient tous leurs feux, et que l'amiral s'éclairait de la manière la plus brillante, et même en verres de couleur, répartis symétriquement, de distance en distance, et au haut des mâts et dans les galeries qui bordent les huniers.

Fort de ces renseignemens, Constantin Canaris, d'après l'offre qu'il en avait faite, lui-même, part avec deux brûlots, que bénit Anthême, patriarche d'Alexandrie, qui répand l'eau sainte sur les tillacs, et commande aux équipages, au nom du Seigneur, de mettre à la voile.

Conformément à leurs rites, les Mahométans, à l'apparition des premières étoiles, se livraient, depuis près d'un mois, à leurs réjouissances accoutumées, quand les Grecs, qu'avaient contrariés dans leur marche le

8.

calme de la mer, et la présence de deux frégates turques, en croisière dans ces parages, reconnurent les feux de l'escadre ottomane.

C'était précisément l'heure à laquelle le capitan-pacha donnait, suivant l'usage, ses audiences, et il avait invité tous les états-majors de la flotte à un banquet.

Ennuyées de croiser, les frégates turques, placées en vigies, venaient de jeter l'ancre. Le vaisseau amiral, mouillé en tête de la ligne se trouvait à une demi-lieue environ de terre, ayant à bord deux mille deux cent quatre-vingt-six personnes. Le crépuscule éclairait encore les objets, quand les deux chebecs incendiaires, qui portaient le cap dans la direction de Smyrne, arrivèrent, d'une seule bordée, si près des vaisseaux ottomans, qu'on leur cria de s'éloigner. Ils obéirent, en virant de bord vers Tchesmé, où l'on perdit leur trace.

Les fêtes avaient commencé ; le bruit des clairons, des tambours et des trompettes se faisait entendre lorsque, au bout de quatre heures, revenant, toutes voiles dehors, et favorisé par une brise de terre, Canaris fond, avec la rapidité de l'éclair, sur le vaisseau de quatre-vingts canons, que montait le capitan-pacha en personne. Il enlace sa proue, et, cramponné à son beaupré, il jette ses grappins dans ses bassoirs. Le vaisseau amiral s'embrase au même instant, tandis que, descendant dans sa chaloupe, Canaris et son équipage passent sous la poupe du capitan-pacha, qu'ils saluent de l'acclamation triomphale de « Victoire à la Croix ! »

Prévoyant les chances dangereuses d'un événement aussi téméraire, les Grecs voguaient en tenant au milieu d'eux un énorme tonneau de poudre, décidés, s'ils étaient atteints par quelque bâtiment ennemi, à couler avec lui. Mais déjà ils ont dépassé la ligne des croisières, et, dès qu'ils se voient hors du danger, ils tombent à genoux, et remercient le Tout-Puissant d'avoir protégé leur audacieuse entreprise.

Le vaisseau amiral des Turcs a sauté, et son explosion, en éclairant des feux de l'incendie les Barbares campés sur le rivage, les a glacés d'effroi. Cinquante-deux minutes ont vu le commencement, les progrès et la fin d'un des plus beaux faits d'armes que l'histoire ait jamais consacrés dans ses fastes. Trente-quatre matelots ont cueilli des palmes immortelles, et la Grèce régénérée remonte au rang des nations !

COMBAT D'ALGÉSIRAS.

C'était en 1801, habile et prudente, la politique de la cour de Madrid avait presque constamment tenu ses escadres en dehors de la lutte où les marines française et batave avaient succombé sous les flottes anglaises. Aussi ses pertes s'élevaient-elles à peine à huit vaisseaux et quatorze frégates, tandis que la France et la Hollande comptaient, la première, soixante vaisseaux de ligne, cent trente-sept frégates et cent quarante autres bâtimens; la seconde, vingt cinq vaisseaux de ligne et vingt-deux frégates dans les ports anglais.

Toutes les préoccupations du premier consul durent tendre à faire entrer dans nos lignes les forces navales de cette nation. Le concours des circonstances vint naturellement ap-appuyer ses desseins.

Les menaces et les armées de la coalition monarchique venant une seconde fois d'être mises à néant par nos légions républicaines, leur jeune chef, au retour de cette campagne ouverte si glorieusement par la victoire de Marengo, close avec tant d'avantage pour la France par le traité de Lunéville, avait acquis assez de puissance pour que le roi d'Espagne s'empressât d'acheter son amitié par quelques sacrifices. La campagne de Portugal donna encore un caractère plus positif et plus instant à notre influence, dont Godoï *prince de la Paix*, se fit l'instrument et l'organe dans le conseil de Ferdinand.

Quatre vaisseaux furent offerts par le cabinet de Madrid à la France, dès que Napoléon en eut témoigné le désir. Ces bâtimens, dont Bonaparte confia le commandement au contre-amiral Dumanoir, durent former, à Cadix, avec quelques autres vaisseaux armés par l'Espagne, le noyau d'une flotte sous les ordres de l'amiral *don Juan Moreno*.

La nouvelle qu'une escadre ibéro-française se combinait dans la rade de Cadix, répandit l'alarme dans le gouvernement anglais. Tout le système sur lequel Bonaparte se proposait de relever notre puissance maritime se révéla alors à l'Amirauté par l'activité qui, depuis le retour d'Égypte, se développait sur toute l'étendue de nos côtes; les travaux immenses exécutés dans le lit de la Lianne et sur le littoral de Boulogne, les canonnières construites dans toutes nos baies, la flottille que commençaient à former par leur réunion les escadrilles de la Manche, se rattachaient trop naturellement aux armemens de haut-bord, pour qu'ils ne fussent pas, les uns et les autres, la révélation d'une pensée unique et grande.

Cependant, au milieu de tous ces préparatifs alarmans, les inquiétudes du cabinet de Saint-James s'arrêtèrent spécialement sur les armemens de Cadix; la station de la flotte française sur ce pont avancé ne lui permit pas d'ajourner les mesures que réclamait le maintien de ses relations avec les trois escadres de la méditerranée. L'amiral sir James Saumary reçut ordre de se porter immédiatement sur le détroit avec une division de six vaisseaux. Conformément à ces injonctions, *le César*, *le Pompée* et *le Superbe*, portant chacun 84 pièces en batterie; trois vaisseaux de 74: *l'Annibal*, *l'Audacieux* et *le vénérable*, une frégate et un lougre quittèrent Plymouth le 13 juin sous les ordres de cet officier supérieur, et firent voile pour la côte d'Espagne.

Le 13 juin également, et presque à la même heure, le contre-amiral Linois prenait la même direction, sortant des bassins de Toulon avec les trois vaisseaux que Ganteaume avait renvoyés de Livourne; les avaries que leur avaient fait éprouver la dureté du temps et une navigation fatigante sur l'Adriatique, s'étant trouvées réparées en quelques jours, *le Formidable*, *l'Indomptable* et *le Desaix* reprenaient intrépidement la mer. *La Mui-*

ron, embarcation vénitienne, remplaçait dans cette division la frégate *la Créole*.

Ainsi s'ouvrait le même jour, pour les deux divisions ennemies, cette mémorable campagne qui, dans un mois de mer, devait donner à l'histoire de notre marine deux de ses pages les plus glorieuses.

Favorisée par une brise de printemps qui soufflait des côtes de France et d'Italie sur la méditerranée, l'escadre du contre-amiral Linois, après avoir appuyé légèrement la chasse à quelques croiseurs détachés en observation par sir Warren, mit le cap à l'ouest et laissa arriver dans la direction du détroit. Deux jours après les vigies signalèrent les terres d'Espagne ; le temps et le vent étant favorables, l'ordre fut transmis de serrer la rive pour en prendre une connaissance plus exacte. Ce fut dans cette manœuvre que l'amiral Linois apprit, par un bateau pêcheur catalan, l'arrivée d'une escadre anglaise dans les parages de Cadix.

Cette nouvelle changeait complètement sa position : la division de Warren, si la rentrée de Ganteaume venait de la laisser libre, ne pouvait manquer de s'attacher à son sillage, et, par cette manœuvre, le serrer entre deux lignes de vaisseaux ennemis ; se replier sur le port d'armemens était d'un autre côté un parti qui, sans beaucoup plus de sûreté, n'était pas sans honte, il se décida donc, malgré les dangers qui menaçaient son expédition, à se porter toujours en avant.

Le 4 juillet, son escadre, filant sous une jolie brise de nord-est, vint prendre position sous les remparts d'Algéziras.

Cette résolution prudente et hardie mettait le contre-amiral français à même de se procurer les renseignemens qui pouvaient éclairer ses déterminations ultérieures et de profiter des fautes de l'ennemi pour donner à son expédition une fin heureuse.

L'arrivée de cette division ayant été signalée à sir James Saumarez, cet amiral s'empressa de rallier ses vaisseaux et de se porter au-devant des Français.

Bien qu'un vent de bout s'opposât à la marche de la flotte anglaise, secondée par la force du courant, que ne pouvait neutraliser la faiblesse de la brise, elle parvint à passer le détroit dans la nuit du 5 au 6. L'amiral croyait, par cette marche rapide, tomber à l'improviste sur nos vaisseaux; mais lorsqu'au lever du jour son escadre doubla la pointe *Del Caynero*, dont une tour couronne la crête comme pour servir de sentinelle avancée à Algéziras, il put se convaincre, au mouvement de notre division, que son arrivée était prévue. Nos vaisseaux, dont les reflets de l'orient rougissaient les voiles, manœuvraient pour prendre leur position de combat.

Le Formidable, au mât de misaine duquel le contre amiral avait hissé son pavillon de commandant, jeta l'ancre par un mouillage de douze brasses d'eau au nord du *Desaix*, de *l'Indomptable* et de la *Murion*; le front développé par les vaisseaux formait ainsi une ligne d'embossage dont la droite s'appuyait, au sud, sur *l'île Verte*, espèce de récif servant de base à une batterie de sept pièces de 18, tandis que la gauche allait au nord toucher les fortifications délabrées de la batterie de Saint-Jacques.

L'escadre anglaise, couverte de toile, continua de s'avancer sur une seule ligne en longeant toujours le littoral; le *Vénérable*, dont le capitaine connaissait tous les cailloux de cette baie, ouvrait la marche:

Arrivée à hauteur de la tour *Santa-Garcia*, bâtie sur un des caps les plus avancés de la côte, l'escadre anglaise fit quelques changemens dans sa voilure; les toiles élevées furent serrées sous leurs cargues, et les vaisseaux continuèrent leur marche sans beaucoup perdre de leur air.

A peine la tête de la colonne ennemie eut-elle atteint le travers de *l'île Verte*, que les canonniers de ce fort engagèrent le combat; le *Vénérable* y répondit le premier par une volée de toutes ses batteries; l'escadre anglaise continua de filer devant nos vaisseaux, et dans un instant la ligne fut toute en feu.

Pendant ce mouvement, sir James Saumarez avait été frappé de la distance qui séparait la division française du rivage. Cette position avancée, et surtout la faiblesse des deux points ramés qui la flanquaient, le détermina à tenter la manœuvre dont la conséquence avait été pour Nelson la victoire d'Aboukir.

Le signal fut fait aux vaisseaux d'avant-garde d'essayer de doubler la gauche de l'ennemi; *le Vénérable*, tenant le vent, laissa arriver entre *le Formidable* et le fort Saint-Jacques. Cette manœuvre eût eu pour résultat de placer les Français entre deux feux.

Le changement de direction de l'ennemi révéla à Linois ses intentions. Sa détermination fut aussitôt prise : au signal du contre-amiral, nos vaisseaux, coupant leurs câbles, se laissèrent dériver sur le plein.

Un changement de vent contraria cette mesure énergique; la brise ayant faibli en tirant vers l'est, l'échouage manqua de régularité et surtout de précision et de vitesse dans le mouvement d'abattée; le feu de nos batteries ne s'éteignit pourtant pas un seul instant.

La ligne française ainsi reformée, le combat redevint plus terrible ; *le Formidable*, dont le silence de la batterie espagnole ne tarda point à découvrir la gauche, se trouva assailli par trois vaisseaux ennemis ; mais le nombre de ses adversaires ne jeta pas un seul instant d'hésitation dans sa défense ; telle fut la vigueur et la justesse des bordées de nos quatre bâtimens, qu'après un combat de deux heures, livré à portée de mousquet, l'amiral anglais cru ne pouvoir réduire notre ligne sans se rendre maître de l'*île Verte*.

Le feu de ce fort avait cessé. La faiblesse de son mantelet de terrassement et de murailles n'ayant pu résister long-temps aux boulets anglais, les canonniers espagnols, privés d'ailleurs de munitions, l'avaient abandonné.

Plusieurs chaloupes pleines d'hommes se détachèrent de l'escadre ennemie. Le commandant de *la Murion*, échouée derrière *l'Indomptable*, les voyant nager sur l'île, s'empressa d'y détacher une compagnie d'infanterie en garnison à son bord.

Le capitaine de ligne qui dirigea ce mouvement, le fit avec tant de promptitude et d'audace que les Anglais, prévenus dans le fort par nos soldats, furent accueillis à leur débarquement par une grêle de mitraille qui les força de pousser tout de suite au large ;

une de leurs chaloupes fut prise, une autre fut coulée.

Cette batterie, servie par nos soldats, ouvrit aussitôt un feu vif et nourri sur les vaisseaux que foudroyait déjà *l'Indomptable*. L'issue du combat ne sembla plus, dès-lors, douteuse sur ce point. *Le Pompée* ayant touché sur les récifs dont est formée la ceinture de l'île, ne put opposer une longue résistance : tout troué de boulets et privé de mâture, il se vit contraint d'amener son pavillon, aux cris de triomphe des Français ; plusieurs chaloupes venues de Gibraltar parvinrent cependant à l'arracher à une capture qui semblait certaine.

Pendant qu'au milieu des chances d'un combat acharné, *l'Indomptable*, dont le capitaine venait d'être tué glorieusement sur son banc de quart, fixait, de concert avec la batterie de l'*île Verte*, la victoire sur nôtre droite, la gauche n'achetait pas le succès par une moins énergique résistance.

Le combat, sur ce point comme sur l'autre extrémité de la ligne, n'avait pas été long-temps indécis. Au moment où nos vaisseaux coupaient la manœuvre de l'ennemi par leur échouage, sept chaloupes canonnières, s'étant détachées du fort d'Algéziras, étaient venues rattacher notre ligne au fort Saint-Jacques en occupant l'espace que ce mouvement avait laissé ouvert.

La part qu'elles prirent dans l'engagement fut si vive que deux seulement ne furent point mises hors de combat.

Le fort Saint-Jacques, dont la chemise de de défense, faible et lézardée, protégeait mal l'artillerie, n'avait point tardé à se taire sous le feu qu'avaient dirigé contre lui les Anglais. L'officier supérieur Devaux s'étant apperçu que cette batterie avait cessé de tirer, s'y porta vivement à la tête d'un détachement de troupes qu'il prit à bord du *Desaix*.

Le feu, nourri par nos soldats, fut dirigé de nouveau sur l'escadre ennemie. Le combat prit des deux côtés un caractère d'acharnement qu'il n'avait pas eu auparavant ; les deux divisions, enveloppées de tourbillons de fumée que parcouraient sans cesse de longues traînées de feu, formaient, par leurs volées successives et précipitées, un grondement sans intermittence. Les équipages français faisaient des prodiges ; les vides qu'occasionnaient les boulets dans le service des pièces, étaient aussitôt remplis par de nouveaux combattans : matelots et soldats rivalisaient d'activité et de courage.

Ce fut au milieu de cet entraînement général, que l'intrépide Lalonde, qui, malgré une blessure reçue au commencement de l'action, veillait sur tout, activait et dirigeait tout, fut renversé mort sur son banc de quart.

L'engagement durait depuis sept heures ; la flotte anglaise, presque désemparée, laissait languir son attaque sous les bordées continuelles de nos vaisseaux, lorsque l'amiral Saumarez donna le signal de la retraite.

Il était temps. Déjà trois de ses navires avaient perdu leurs mâts de hune et leur beaupré. Ce fut à peine si, lorsqu'ils eurent coupé leurs câbles, l'état de leurs voiles et de leurs cordages leur permit de prendre le vent. L'*Annibal*, échoué par le travers du *Redoutable*, resta au pouvoir de la division française, comme trophée de cette mémorable journée.

Ainsi se termina, par une victoire, cette action où notre escadre semblait devoir succomber sous la supériorité des forces qui venaient l'attaquer à son mouillage ; cette action, où tous les avantages que les circonstances du combat, le vent, les courans, le choix des moyens d'attaque, la position de l'ennemi, la protection dont le canon de Gibraltar couvrait leur retraite, réunissaient en faveur de la flotte anglaise, ne firent que tourner à la gloire de nos vaisseaux.

Ce fut un beau spectacle pour nos marins que la fuite désordonnée dont la marche de l'ennemi offrit le tableau !

Bien que favorisée par la brise qui soufflait de la terre et par les courans qui portaient au large, les bâtimens anglais, tout pantelans, les voiles trouées et les manœuvres en lambeaux, n'ayant, pour la plupart, que les tronçons de leur mâture, se traînaient péniblement vers Gibraltar, où le *Pompée*, rasé par nos boulets, était remorqué par des chaloupes.

Le contre-amiral ne se reposa pas des dangers dont venait de triompher sa division sur la sécurité de la victoire ; il comprit la différence qui existait encore entre sa position et celle de son ennemi.

Indépendamment de l'abri sûr que la rade et le port de Gibraltar offraient à l'escadre anglaise, sir James y trouvait encore toutes les ressources de matériel et de travail qui pouvaient assurer la prompte réparation de ses navires et la remise de ses cadres au complet.

L'escadre française, au contraire, mouillée dans une baie ouverte et sur un encrage peu sûr, se trouvait près d'un rivage d'où elle ne pouvait tirer aucun secours pour réparer le délabrement, suite rigoureuse de son long combat.

Il s'empressa donc de prendre les mesures d'urgence. Pendant que les équipages se livraient avec l'enthousiasme de la victoire à l'exécution de ces premiers travaux, Linois faisait parvenir à l'amiral espagnol et à l'officier supérieur français, alors sur la rade de Cadix, la nouvelle de son engagement, l'état critique où se trouvait sa division, et une demande pressante de secours.

L'amiral Saumarez, avide d'effacer dans une prochaine rencontre la honte qu'avait jetée sur son escadre une défaite aussi imprévue, ne négligea rien pour profiter des ressources que lui assurait le voisinage d'un port anglais. Tout ce que Gibraltar renfermait d'ouvriers, fut employé aux réparations de carène et de gréement dont avaient besoin ses vaisseaux; et pendant que ces travaux s'exécutaient avec une merveilleuse activité, il s'occupait lui-même à suppléer, par des matelots de choix, aux pertes qu'avaient essuyées ses équipages.

Une ardeur égale régna d'abord sur l'autre rive. Les vaisseaux français, et *l'Annibal*, dont la capture avait grossi la division, furent relevés et amarrés en lignes; les avaries de coque occasionnées par l'échouage et le combat furent promptement réparées; les trous de boulets disparûrent, les bastingages furent presque complètement refaits; et les cinq bâtimens se trouvaient en état d'accueillir une seconde fois dignement l'ennemi.

Cependant l'amiral Linois était étonné de ne recevoir aucun secours; en vain sa longue-vue interrogeait-elle sans cesse les hauteurs du rivage où l'on avait posté des vigies, le temps s'écoulait sans qu'aucun bâtiment fût signalé. Il ne pouvait comprendre une semblable négligence; quelle considération pouvait retenir don Juan Moreno sur la rade de Cadix, dont le départ de sir James Saumarez lui avait ouvert la sortie?

Il expédiait message sur message au contre-amiral Dumanoir, pour lui exprimer l'urgence des secours sans lesquels il ne pouvait quitter la baie d'Algéziras. Il fit les mêmes instances auprès de don Menaredo, commandant en chef de la marine à Cadix; il lui exposait les dangers auxquels tout retard exposait la division française, et l'imprudence que l'on commettait en donnant à l'ennemi le temps de réparer ses vaisseaux. Les vents se maintenaient toujours dans un air favorable, et l'horizon restait toujours vide : la flotte espagnol ne paraissait pas.

Linois, perdant enfin toute patience, se plaignit avec aigreur de cette mollesse ou de cette inaction; malgré ce qu'un pareil soupçon peut avoir d'humiliant pour un officier de courage, il termina sa dépêche en demandant à l'amiral espagnol ce que pouvait redouter son escadre d'une expédition que le délabrement des bâtimens ennemis affranchissait de tout danger. Des travaux de carénages n'en retenaient-ils pas deux dans le port de Gibraltar? les trois autres, embossés sur la rade étaient-ils bien à craindre, privés de mâts principaux! et les quatre vaisseaux français, relevés et mis à flot, n'attendaient que les secours de la flotte pour être remorqués dans le bassin de Cadix!

Ces remontrances amères et les sollicitations énergiques du contre-amiral Dumanoir déterminèrent enfin l'amiral espagnol à mettre à la voile. L'escadre, composée de neuf bâtimens, cinq vaisseaux, trois frégates et un brick, quitta la rade le 8 juillet sur le soir.

Le Real-Carlos, de 120 canons; *le San-Hermenegilde*, de 112; *le San-Fernando*, de 94; *l'Argonaute*, de 74, et *la Sabine*, de 44, naviguaient sous le pavillon espagnol: *le Saint-Antoine*, percé de 74 sabords; *la Libre* et *l'Indienne* portant chacune 44 piéces, et l'aviso *le Vautour*, avaient arboré les trois couleurs françaises.

Cette escadre arriva le 9 juillet sur la rade d'Algéziras.

Les lenteurs de don Moreno avaient eu les suites que Linois avait prévues et signalées: la flotte anglaise avait repris son poste d'observation et de croisière.

(*Extrait de la France Maritime*).

COMBAT
DU DÉTROIT DE GIBRALTAR.
(*Suite du précédent.*)

Alors même que le temps fût devenu aussi favorable que possible, il eût été impossible de remorquer les vaisseaux français. Il fallut donc songer à mettre ces bâtimens en état de porter la voilure indispensable pour sortir du Golfe et tenir la mer. On y travailla avec ardeur, et tout fut bientôt prêt pour le départ.

Don Juan Moreno, laissa se faire la marée; cette mesure avait un double avantage : cette côte rocheuse offrait alors des eaux plus profondes, et le mouvement du reflux donnait plus de force aux courans qui portaient en mer.

Dès que le flot battit le plein, le signal d'appareillage fut donné. Il était deux heures de relevée.

Bien que le ciel fût pur et la chaleur excessive, la brise, qui dès le matin soufflait assez fraîche, n'avait point perdu de sa force. Le sillage du vaisseau chef de ligne fut suivi par toute l'escadre. Dans ce mouvement, la division espagnole forma sa ligne de bataille au vent des bâtimens français; mais la brise, au lieu de fraîchir à mesure qu'approchait le soir, faiblissait d'une manière plus sensible d'instans en instans. Un de ces calmes au milieu desquels le vent se joue irrégulièrement par risées, ayant surpris l'escadre à la hauteur de Gibraltar, les vaisseaux ne purent plus dès-lors conserver les positions qui avaient jusque là régularisé leur marche.

L'amiral anglais, profitant de quelques rafales de l'est, vint en ce moment se mettre en ordre de bataille, au vent de la flotte combinée. Cette manœuvre donna lieu à un léger dissentiment entre les amiraux espagnol et français. Les statuts réglementaires de la marine castillane imposent au chef maritime l'obligation de passer à bord d'une frégate lorsqu'il se trouve en présence de l'ennemi. Don Juan, conformément au dispositif de cette ordonnance, ayant porté son pavillon du *Réal-Carlos* sur *la Sabine*, eut à vaincre une répugnance, fortement exprimée, pour déterminer le contre-amiral Linois à se rendre auprès de lui; la nécessité de concerter les mouvemens et la transmission des signaux triompha seule du regret qu'éprouvait ce dernier de quitter le *Formidable*. Contraint enfin par les exigences de la hiérarchie militaire de céder à la volonté de l'amiral Espagnol, il confia le commandement de son vaisseau au capitaine Troude, qu'il avait déjà appelé au remplacement du brave Lalonde.

Au coucher du soleil, tous les vaisseaux de la flotte franco-espagnole avaient réussi à doubler le cap *Carnero*, en profitant habilement de toutes les variations et de toutes les risées de la brise. L'*Annibal* seul, qui, malgré la remorque de la frégate l'*Indienne*, n'avait pu parvenir à s'élever assez au vent, s'était vu contraint de regagner le port d'Algéziras. L'approche de la nuit ne laissait pas sans danger la position isolée de nos vaisseaux disséminés, par les caprices du calme, dans les eaux où se trouvait une escadre ennemie. Don Juan tâcha de parer à tout malheur; ayant pris la panne à une lieue sous le vent de la division anglaise, il donna le signal de ralliement à la flotte, et la brise s'étant levée à l'approche de la nuit, la ligne se forma sans peine. L'ordre de front fut formé aussitôt. *La Sabine*, passant alors sur l'avant de la colonne, alluma ses fanaux, et transmit à tous les bâtimens l'ordre de laisser arriver sur le détroit.

Si l'on considère la composition de la flotte alliée, on concevra quelle devait être nécessairement la différence de marche entre des bâtimens tout fraîchement sortis des bassins, en lest convenable, et une division toute délabrée des suites d'un long combat, et dont le mauvais état de la mâture défendait toute harmonie avec les exigences de la marche. L'imprudence des dispositions prises par l'amiral, ressortira clairement de l'impossibilité de leur réalisation. Ce qui devait avoir lieu arriva. La première révolution fut, malgré l'obscurité naissante, exécutée dans le meilleur ordre; mais l'ombre étant venue à s'épaissir, les bâtimens cessèrent de pouvoir s'observer les uns les autres; tous alors perdirent leurs espaces respectifs, selon que leur voilure et l'état de leur carène rendirent leur marche plus lente ou plus rapide. Les lignes ainsi mêlées, nul ne put conserver son poste.

L'amiral anglais, qui jusqu'à cet instant avait maintenu sa division au vent de la flotte ibéro-française, profita de cette confusion pour forcer de voiles et rejoindre les derniers vaisseaux. La nuit s'était complètement faite; la clarté des étoiles donnait seule quelque transparence à l'obscurité. Sir Saumarez, voulant inquiéter la marche de son ennemi, ordonna à quelques-uns de ses bâtimens d'attaquer l'arrière garde. Cette démonstration devait avoir un succès auquel était loin de s'attendre celui qui commandait. *Le Superbe* laissa arriver entre le *Réal-Carlos* et *l'Herménégilde*, lâcha sa bordée dès qu'il se trouva par le tavers de ces deux trois-ponts, et, continuant toujours sa marche, disparut dans la nuit.

Une confusion extrême suivit cette attaque subite, à bord des deux vaisseaux espagnols, que les hasards d'une manœuvre de nuit avaient placés à la queue de la ligne. Ces bâtimens, n'ayant point eu connaissance du passage rapide du navire anglais, se prirent l'un l'autre pour vaisseau ennemi, et engagèrent entre eux un combat d'autant plus terrible que leur rapprochement rendait leur feu plus désastreux. Cette lutte fatale durait depuis long-temps avec un acharnement qui ne faisait que confirmer les combattans dans leur malheureuse erreur, lorsqu'un grain rapide, et dont l'approche n'avait pu être observée dans la confusion du combat, poussa les deux navires l'un vers l'autre. Cet abordage, qui devait terminer cette affreuse méprise, la dénoua par un désastre déplorable.

Plusieurs centaines d'hommes, tués par les volées acharnées des deux vaisseaux et par la chute de toutes les parties du gréement qui s'écroulaient, encombraient de lambeaux mutilés et de débris humains les passavans des deux vaisseaux, dont l'abordage subit augmentait la confusion.

Le feu, qui pendant l'engagement s'était déclaré à bord *du Réal-Carlos*, ayant éclaté avec violence, les flammes qui le dévoraient eurent en un instant gagné *l'Herménégilde*. Il devint impossible aux deux vaisseaux de se séparer.

Le bruit dans ce combat, dont les deux flottes alors mêlées et confondues ignoraient les adversaires, avait répandu dans les équipages une alarme que vint augmenter l'aspect de ces deux vaisseaux embrasés. Tous les navires, redoutant un sort pareil, s'empressèrent de s'éloigner de ce foyer mobile, dont le vent pouvait leur apporter des lambeaux enflammés, ou vers lesquels auraient pu les entraîner les grains et les rapides tourbillonnemens de l'air.

Ce fut un tableau bien effrayant que celui que formaient ces deux immenses vaisseaux, confondant leur incendie, dont les sombres reflets, se projettant sur la mer et sur les trois flottes, allaient rougir jusqu'aux deux rivages du détroit. Les mâtures détachèrent quelque temps leurs noirs squelettes sur un fond de flammes avant de s'écrouler avec un fracas qui fut suivi de l'explosion des deux vaisseaux. La mer et les terres voisines frémirent à cette épouvantable secousse, et, un à un, tous les débris s'éteignirent dans les flots, qui, comme le ciel et les côtes reprirent leur funèbre obscurité.

Sur les deux mille hommes qui composaient les équipages de ces vaisseaux, trois cents à peine échappèrent à ce désastre!

Le Saint-Antoine, démâté par *le César* et par *le Superbe*, amenait son pavillon après un long combat, lorsqu'eut lieu cette épouvantable catastrophe.

Le reste de la nuit ne fut plus marqué que par des caronades, dont les fanaux de *la Sabine* furent constamment le point de mire. Le jour vint enfin éclairer l'amiral espagnol sur les pertes qu'avait essuyées la flotte. *Le Formidable* n'était pas en vue. Comme le vent d'est apportait le bruit d'une action violente, Don Juan Moreno ne douta point que ce vaisseau ne se trouvât engagé avec l'ennemi. Ralliant donc son escadre, et la formant rapidement en ordre de bataille, il fit route pour rejoindre le théâtre de l'action où se débattait le vaisseau français.

C'était en effet *le Formidable* qui combattait seul en ce moment contre quatre voiles de la division anglaise. Ce bâtiment n'ayant pu, avec un équipage insuffisant, qui eut pour toute mâture des tronçons de bas-mâts où pendaient quelques voiles de fortune, suivre la marche de l'escadre, n'avait point tardé à se trouver engagé dans la ligne ennemie. Une canonade à boulets rouges fut aussitôt dirigée sur lui par cinq vaisseaux. Malgré l'obscurité, *le Formidable* allait avoir

10.

beaucoup à souffrir de ces nombreuses attaques, lorsque le capitaine Troude remarqua que les vaisseaux anglais portaient trois fanaux à la corne d'artimon comme signe de reconnaissance; il ordonna, au lieu de riposter, qu'on hissât les mêmes signaux. Cette ruse eut un plein succès : une heure après le *Formidable* avait perdu de vue les deux escadres.

Le commandant Troude, s'estimant à la hauteur de Fouyer, fit gouverner pour rallier la terre. Vers quatre heures du matin il se trouva par le travers de l'île Léon, où le lever du jour lui montra quatre bâtimens anglais qui manœuvrèrent aussitôt pour l'attaquer. Le brave Troude se disposa à maintenir la réputation *du Formidable*, et à donner à ses épaulettes de capitaine le baptême d'un glorieux combat.

Le petit nombre de ses hommes le força à faire abandonner les postes les moins nécessaires pour l'occupation de ceux qui auraient le plus d'importance durant l'action. Les marins des gaillards descendirent dans les batteries, la manœuvre d'un bâtiment ainsi désemparé étant toute secondaire. Le branle-bas achevé, il attendit avec confiance l'attaque de l'ennemi.

Le silence le plus solennel, ce recueillement que traversent seuls des pressentimens de gloire ou de mort, régnait à bord du vaisseau français, lorsque les premiers coups de canon partirent des batteries ennemies. La tactique de Troude, comme l'observa M. Bignon, fut celle qu'employa le dernier des Horaces pour triompher de ses trois ennemis; les isoler pour les combattre tour à tour.

Les premiers bâtimens qui le joignirent furent *le Vénérable* et *la Tamise*. *Le Vénérable* ayant envoyé sa bordée par la hanche de babord, *le Formidable* laissa arriver dessus, avec toute la vitesse que lui laissait le mauvais état de sa mâture, mais que rachetait en partie la supériorité de sa marche.

Les deux vaisseaux se trouvèrent bientôt vergue à vergue, sans cesser un seul instant leur feu. Le commandant français se portait sur tous les points pour animer ce combat terrible et entretenir l'élan de ses braves soldats.

« Allons, enfans ! — criait-il à ses matelots : — » n'épargnons pas les boulets ; quand nous en » manquerons, nous leur enverrons les écou- » villons et les pinces.—Des boulets donc ! »

Et les canonniers, se conformant à cet ordre, en mettaient jusqu'à trois à la fois dans les pièces.

Pendant cet engagement, *la Tamise* avait pris le vaisseau français en poupe ; mais celui-ci, sans ralentir les bordées de sa batterie, lui riposta par ses canons de retraite. Les deux autres vaisseaux ayant successivement atteint le champ de bataille, sans pouvoir se mettre au vent *du Formidable*, prirent position sous son bossoir de babord. Le vaisseau français, loin de diminuer l'action de sa défense contre de si accablantes forces combinées, n'en mit que plus d'acharnement dans le service de ses batteries.

Le Vénérable ayant tour à tour perdu son mât de perroquet de fougue et son grand mât de hune, laissa arriver pour s'éloigner du camp de bataille; mais le commandant Troude le suivit dans ce mouvement, et, l'ayant heureusement pris en poupe, le balaya de ses enfilades en même temps qu'il foudroyait *le César*, que sa position à l'avant du *Vénérable* empêcha quelque temps de riposter. Pour le Français, au contraire, dans cette position habilement prise, tout boulet portait à l'ennemi. *Le Vénérable*, ayant perdu dans cette circonstance son mât de misaine, se trouva complètement désemparé.

Troude fit alors diriger son feu sur *le César*. Malgré l'avantage que l'usage complet de ses voiles assure à ce dernier, le capitaine français parvint à se maintenir toujours par son travers; cette action dura une demi-heure. *Le César*, ses murailles criblées de boulets, s'empressa de rejoindre *le Vénérable* et *la Tamise*, qui venait elle même de renoncer au combat. Le vaisseau français, par cette triple victoire, se trouvait n'avoir plus à combattre qu'un ennemi ; mais ce denier, redoutant d'attirer sur lui seul les foudroyantes volées auxquelles n'avaient pu résister les trois autres bâtimens de sa division, ne soutint la lutte que le temps nécessaire pour passer au vent et gagner le large. Un quatrième triomphe termina donc ce combat sans exemple dans les fastes d'aucune nation maritime.

Le commandant Troude resta maître du champ de bataille avec un vaisseau que l'insuffisance de son équipage et de sa mâture rendait à peine capable de tenir la mer ; maître du champ de bataille, que lui avaient disputé trois vaisseaux et une frégate, dont les escadres avaient été mis au complet par des matelots choisis dans la marine anglaise.

Les remparts de Cadix et le rivage de l'île Léon saluèrent ces succès inattendus par des acclamations d'enthousiasme. Avant de donner quelque repos au vaillant équipage que cette action venait de couvrir de gloire, le commandant Troude fit monter dans les batteries ce qui restait de boulets ; il présumait que l'ennemi ne s'éloignerait point sans vouloir racheter par un second engagement la honte de sa première défaite. Il fit tout disposer pour qu'un nouveau combat fût pour *le Formidable* une nouvelle victoire. Cependant, quoique la flotte combinée fût encore dans l'éloignement, l'escadre anglaise ne fit aucune nouvelle tentative sur le vaisseau français. L'amiral Saumarez, après avoir fait d'inutiles efforts pour relever *le Vénérable*, que les courans avaient drossé à terre, donna le signal d'abandonner ce bâtiment et de faire route sur le détroit.

Le même jour, à deux heures après midi, *le Formidable* entrait dans le port de Cadix, au milieu des cris d'enthousiasme d'une population qui, du haut de ses remparts et de la plage, avait été témoin de ce merveilleux combat, dont le succès lui semblait encore un prodige.

Le reste de l'escadre combinée vint y mouiller le soir même.

(*Extrait de la France Maritime*).

COMBAT

ENTRE

LA CANONNIÈRE ET LE TREMENDOUS.

Quelque temps avant que les Anglais, débarqués à Copenhague, qu'ils bombardèrent et brûlèrent en partie, eussent emmené dans les ports de la Grande-Bretagne, la flotte du Dannemarck, la marine française, malgré sa faiblesse numérique, ne cessait de les harceler, de les combattre, souvent même avec avantage. Le trait suivant en est une preuve irrécusable, et fait trop d'honneur au capitaine de la *Canonnière* et à son équipage, pour ne pas leur consacrer quelques lignes.

Le désastre de Trafalgar et le renouvellement de la guerre sur le continent avaient réduit les forces navales de l'empire à un rôle secondaire. Il n'était plus question de conquérir l'Irlande, d'envahir la Grande-Bretagne, et d'aller planter sur la Tour de Londres, les aigles, vierges encore, que Napoléon avait substituées aux vieux drapeaux vainqueurs à Jemmapes, à Fleurus, à Arcole et à Marengo. Le ravitaillement des colonies, et la destruction du commerce britannique, sur les différentes mers du globe, furent des tâches plus utiles que brillantes, prescrites par le gouvernement aux commandans des escadres dont la France pouvait encore disposer; aussi, les missions confiées à ces différens chefs, soit dans l'Océan Atlantique, soit dans la mer des Antilles, soit dans l'Océan indien, soit dans la mer Glaciale, soit sur les côtes de France, ne furent point remplies avec un bonheur égal, et de nouveaux revers vinrent accabler une marine qui, depuis l'incendie du port de Toulon, et le combat du 13 prairial, n'avait cessé d'en éprouver. Mais quittons ces tristes et inutiles réflexions, et esquissons le combat glorieux qui se livra, dans la mer des Indes, entre la frégate la *Canonnière*, de quarante canons, et le *Tremendous*, vaisseau de guerre, portant soixante-quatorze pièces en batterie.

Commandée par Bourayne, capitaine de vaisseau, la frégate la *Canonnière* avait fait voile, de Cherbourg, pour l'Ile-de-France. L'amiral Linois était alors absent de cette colonie; cependant, on présumait qu'il devait se trouver dans les parages du cap de Bonne-Espérance, et Bourayne reçut l'ordre d'aller l'y rallier. Arrivée à la hauteur, mais hors de vue de la pointe Natal, la *Canonnière* découvrit un convoi. Bourayne, aussitôt, manœuvra pour le joindre, et reconnut qu'il se composait de treize grands batimens, ayant l'apparence de vaisseaux de la compagnie, et il continua de s'en approcher; bientôt il distingua, parmi ces bâtimens, deux vaisseaux de guerre, dont un, le *Tremendous*, se détacha du convoi, pour se porter au-devant de la frégate, à laquelle il fit des signaux de reconnaissance; dès qu'il la crut à portée de les apercevoir.

Tout en manœuvrant pour éviter un enenmi aussi supérieur, Bourayne désirait se maintenir au vent, pour pouvoir profiter, plus tard, de la première circonstance qui lui offrirait le moyen d'attaquer quelque partie du convoi écartée du reste; mais la vue de la côte le força de laisser arriver, pour prendre chasse au large.

Cependant le *Tremendous*, ayant une grande superiorité de marche sur la *Canonnière*, se trouve bientôt, à petite portée, dans ses eaux. Le feu commence alors par les canons de chasse de l'un, et ceux de retraite de l'autre. Peu de temps après le vaisseau était parvenu à une très-petite distance de la frégate, celle-ci est forcée à lui présenter le travers. Bourayne manœuvre en conséquence, et s'établit à deux cents toises sous le vent du *Tremendous ;* mais le capitaine anglais, pour mieux profiter de tous les genres de supériorités de son vaisseau sur la frégate, la serre au feu, jusqu'à la demi-portée de fusil.

Ainsi placée, la *Canonnière* devait, en quelques bordées, être coulée à fond, ou mise entièrement hors d'état de combattre, et la résolution montrée par son capitaine et son brave équipage de courir la chance d'une lutte aussi inégale, mérite les plus grands éloges.

Bourayne ne tarda pas à s'applaudir du parti qu'il avait pris. En vain le *Tremendous* faisait sur la *Canonnière* le feu le plus vif ; ses canons mal pointés, ne causaient à la frégate presque aucun dommage, tandis que ceux de cette dernière, étaient servis par d'excellens artilleurs, qui ne perdaient pas un coup. Cette circonstance permit au capitaine français de prolonger un combat, que la grande supériorité de son adversaire aurait dû rendre très-court.

Au bout d'une heure et demie, en effet, la *Canonnière* avait encore sa mâture et son gréement presque intacts, pendant que le vaisseau ennemi, dans le plus grand délabrement, avait une partie de ses voiles désemparées, et son grand mât menaçant de tomber.

Ces avaries du *Tremendous*, lui ayant fait perdre une grande partie de sa vitesse, soit que la frégate n'eût pu modérer assez la sienne, soit que Bourayne, au contraire, eût voulu en profiter, pour s'éloigner d'un ennemi aussi formidable, la *Canonnière* se trouva, tout d'un coup, avoir dépassé le vaisseau, qui arriva vent arrière sur elle. Le capitaine français se décida aussitôt à tenter de lui gagner le vent, en le doublant sur l'avant. Dans cette manœuvre la *Canonnière* reçut en poupe, et presque à bout portant, une bordée du *Tremendous*; mais ce vaisseau, n'ayant pu revenir au vent assez promptement, présenta, à son tour, l'arrière à la frégate, qui tira de cette position tout l'avantage que lui donnait l'adresse de ses canonniers.

Désormais le vaisseau ennemi, que ses avaries faisaient tomber sous le vent, aurait en vain cherché à se rapprocher de la frégate : il fut obligé de l'abandonner, et de se retirer vers les bâtimens de son convoi. Ces bâtimens, qui avaient forcé de voiles pendant le combat, n'étaient plus qu'à une petite distance de la *Canonnière*. L'un d'eux l'*Asia*, fort vaisseau de la compagnie, se dirigea sur la frégate, et lui envoya quelques volées auxquelles elle ne daigna pas répondre.

Pendant toute la durée de l'action, l'ardeur. et l'intrépidité des marins français ne cessèrent de s'accroître, et, au moment où le *Tremendous* abandonna le champ de bataille, elles étaient portées à leur comble. Il ne s'agissait plus même alors, pour la *Canonnière*, de se soustraire au vaisseau ennemi, ni même de le forcer à une retraite honteuse, les Français aspiraient à le prendre, et les cris « à l'abordage ! à l'abordage ! » se firent entendre à plusieurs reprises ; mais Bourayne, eu égard à l'immense disproportion de force entre les deux bâtimens, crut devoir se refuser aux désirs de son vaillant équipage. Toutefois le combat de la *Canonnière*, est un de ces brillans faits d'armes, qui montrent ce que, mieux dirigée, aurait pu faire la marine française, car dans aucune circonstance elle n'a manqué de courage ni de patriotisme.

CROISIÈRE
DE LA FRÉGATE LA GLOIRE
(1812.)

La gloire maritime de la France ne tomba point avec sa puissance navale dans les désastres d'Aboukir et de Trafalgar. Après la destruction de nos flottes, le drapeau tricolore arboré par nos frégates et nos corsaires ne cessa point de se montrer glorieusement sur l'Atlantique et la mer des Indes.

Les faits que nous allons rapporter se rattachent à cette multitude d'événemens, remarquables par leur audace et leur succès, mais qui se perdirent à cause de leur peu de résultats dans le retentissement des triomphes de l'empire, et dans le bruit que fit, en s'abîmant, notre marine.

Habitués à ne nous préoccuper que de ce qui nous frappe d'une manière immédiate ou profonde, nous avons trop négligé les courses et les exploits isolés de nos croiseurs de cette époque. Sans quelques rapports égarés dans les colonnes du *Moniteur*, nous ne trouverions guère de souvenirs de ces entreprises hardies que dans la mémoire de nos vieux marins, qui par leur récit protestent, avec cette fierté nationale, un des traits frappans de leur caractère, contre les grandes victoires du yacht anglais.

C'était en 1811. La France était alors dans sa plus grande puissance sur terre, sur mer dans sa plus grande faiblesse; Napoléon, malgré ses triomphes, n'avait cependant point cessé de fixer les yeux sur nos ports. Il savait que c'était sous l'influence de la Grande-Bretagne que se formaient ces coalitions dix fois coupées par nos armées, dix fois renouées par son or. La Grande-Bretagne était donc l'ennemie que tôt ou tard il devait abattre, dût-il se faire de Moscou et de Téhéran des lieux d'étape pour aller l'attaquer dans les Indes.

Dans l'impossibilité où se trouvait alors notre marine de combattre en ligne les flottes anglaises, il avait conçu le projet de continuer la lutte en s'attachant aux bâtimens de commerce, et d'après ce système, des ordres avaient été donnés pour des constructions de frégates, spécialement dans les ports secondaires qu'il importait de rendre menaçans pour l'ennemi.

Le Havre fut un de ceux où ces armemens furent poussés avec le plus d'activité et de persévérance.

Le succès ne leur fut pas favorable : tous les bâtimens qui sortirent de ses bassins furent détruits par l'ennemi ; cependant, malgré le malheur qui semblait s'acharner contre ces expéditions, une nouvelle frégate, *la Gloire*, un beau navire percé de 44 sabords, venait de sortir des calles, et se disposait à prendre la mer.

La plus haute importance s'attachait à cette expédition : l'avenir du Havre comme port militaire dépendait de son succès; il importait d'ailleurs de relever la confiance des populations maritimes de cette partie du littoral, qu'avaient abattue tant de revers. Le capitaine Roussin reçut le commandement de *la Gloire*.

Cet officier, fait capitaine de frégate après le combat du *Grand-Port*, était depuis quelques mois de retour de la mer des Indes, où il avait partagé les glorieuses campagnes qui précédèrent la prise de l'île de France. Il vit, comme tous les marins, dans cette nomination nouvelle, un témoignage de la confiance de l'empereur, et le zèle qu'il mit à justifier ce choix put seul le faire triompher des difficultés et des obstacles dont se trouvait entourée son entreprise.

Il fallut d'abord former son équipage dans une contrée où des revers constans avaient démoralisé le peu de marins que les expéditions précédentes n'avaient point enlevés. Le moyen qu'il employa prouve la connaissance qu'il avait du caractère français ; il fit attacher à l'un de ses mâts un bouclier portant cette inscription en lettres d'or :

L'HONNEUR ET LA GLOIRE !

Cet appel lui attira trente matelots dès le premier jour. Bonaparte, encore officier d'artillerie, avait employé au siége de Toulon, ce moyen avec le même bonheur, pour maintenir une batterie constamment balayée par les boulets anglais.

Dès que l'ennemi fut instruit que *la Gloire* se préparait à quitter le Havre, une escadre vint la bloquer dans ce port. La frégate *le Pyramus*, de 46 canons, la corvette *le Star-North*, de 28, constamment mouillées sous le cap *la Hève*, ne quittèrent plus la baie de *Seine*; chaque soir même, surtout quand soufflaient des brises de terre, un brick de 16, expédié en mouche, venait jeter l'ancre à l'entrée du bassin.

Cet obstacle n'était point le seul que *la Gloire* eût à vaincre à cette époque où nos eaux étaient chargées d'escadres anglaises qui les sillonnaient dans toutes les directions. Les bâtimens qui voulaient sortir du Havre, pour vider la Manche, avaient encore à franchir la croisière de Cherbourg, dont les 4 vaisseaux et les 4 frégates éclairaient successivement les parages voisins par de continuelles bordées.

Plus loin, l'escadre du cap Lézard étendait de nouvelles lignes qui n'étaient pourtant encore, comme la flottille de Cherbourg, que les avant-postes de l'armée navale stationnée devant Ouessant, et dont les détachemens fermaient la Manche.

Outre ces obstacles généraux, la position de *la Gloire* se compliquait encore de difficultés toutes locales.

Telles sont la nature et la position des bassins du Havre, qu'une frégate ne peut tenter l'appareillage que pendant trois jours de chaque nouvelle lune et avec les seuls vents du S. E. au N. E. Dans les autres phases il n'y monte point assez d'eau pour faire flotter les bâtimens de cette force. On aura une idée complète des premiers dangers qu'offrait l'expédition si l'on connaît les dimensions de ce port, dimensions telles qu'il serait de la plus grande difficulté d'y faire rentrer une frégate à la voile, dans le cas où son appareillage n'aurait point réussi.

Cependant, malgré toutes ces chances défavorables, obstacles et périls, le capitaine Roussin quitta le Havre un mois seulement après avoir reçu l'ordre de prendre la mer.

Ce fut par une belle soirée, une des dernières de l'automne, le 16 décembre 1812, que *la Gloire* mit à la voile.

Le ciel était pur, l'air était vif; la mer, claportante sous une fraîche brise de S.-S.-E., s'abandonnait au mouvement ondulé d'une houle dont les barres plus élevées vers les côtes se dessinaient par des lignes d'écume.

L'aire d'où se levait le vent n'était point assez contraire pour que le capitaine Roussin ne tentât point de profiter de la négligence où la clarté de la pleine lune avait jeté l'ennemi. Le brick n'avait point été aperçu durant la journée. Le *Pyramus* et le *Star-North*, mouillés à peine à deux mille N. du cap, et *la Hève*, étaient masqués par cette pointe de terre. *La Gloire* appareilla sans que nul indice de départ leur révélât sa sortie.

L'ennemi, trompé dans sa croisière du Havre, le fut également dans celle de Cherbourg; mais la frégate française ne put doubler le cap Lézard, sans tomber dans les bâtimens ennemis stationnés dans ses eaux.

Le 18 décembre un calme plat la surprit, vers une heure du matin, sous les terres du comté de Cornouailles, que l'aube, en se levant, lui montra sombres et rampantes à une distance de deux lieues sous son bossoir de tribord. Neuf bâtimens ennemis manœuvraient pour la joindre. Vers huit heures elle se trouvait à demi-portée de canon d'une forte corvette que ralliaient deux batimens situés à petite distance : le combat s'engagea donc.

Le capitaine Roussin connaissait tous les dangers auxquels la nature des lieux où l'action se passait et l'armement de sa frégate exposaient son entreprise.

L'équipage de *la Gloire*, composé de 340 hommes, comptait 227 conscrits, que les dernières levées avaient jetés, sans expérience de la mer, dans l'âpre et difficile carrière du marin. N'étant initiés à la profession où ils entraient que par l'éducation qu'ils avaient pu recevoir dans un bassin de 50 toises de diamètre, leurs connaissances pratiques se bornaient à ce que moins de six semaines avaient pu leur apprendre de l'exercice du canon. Quant à la manœuvre, à l'habitude du bâtiment, ils y étaient aussi étrangers qu'à la faculté de supporter facilement l'impression de la mer.

Le reste de l'équipage provenant du 15ᵉ de la flottille, était un peu plus amarriné, mais il était trop faible en nombre pour que ses efforts ne se trouvassent pas presque complètement neutralisés par l'absence du concours d'une grande partie de l'équipage; 30 heures de navigation au milieu des vagues que les coups de vent de décembre soulèvent constamment dans la Manche, devaient faire renoncer à l'espoir d'obtenir de lui aucun secours.

Deux cents hommes destinés au service de l'artillerie étaient absolument hors d'état de se mouvoir; les coups de canon qui purent être tirés dans cet engagement le furent par quelques anciens chefs de pièces, beaucoup même par les officiers.

Le pointage fut toutefois si juste, qu'il fut bientôt facile de reconnaître les avaries qu'éprouvait l'ennemi. *L'Albicorne*, corvette de 28 canons, dut même se hâter de tenir le vent pour s'éloigner d'un feu si bien dirigé, que chaque détonation annonçait un boulet dans ses pressintes.

Deux voiles venaient pourtant de se dresser à l'horizon. Cet engagement, en se prolongeant, ne pouvait manquer, par son bruit, d'attirer sur ce point tous les navires qui croisaient dans ces parages, où le coup de vent des jours précédens devait avoir poussé les vaisseaux de la station d'Ouessant. C'eût donc été, de la part du capitaine français, une témérité sans excuse d'ouvrir sa course par une rencontre dont chaque instant menaçait de l'écraser sous le nombre de ses ennemis.

Il se rappela d'ailleurs que, d'après ses instructions, l'objet spécial et dominant de sa mission était de faire le plus grand mal possible au commerce ennemi; qu'à ce but devaient tendre tous ses efforts. Il se rappela aussi qu'un nouvel intérêt se rattachait, dans l'idée du gouvernement, au succès de son expédition, puisque sa réussite devait prouver qu'il n'était point impossible aux frégates construites dans les chantiers du Hâvre, d'en sortir et de prendre la mer. Résolu donc de changer au moins le théâtre dangereux du combat en quittant les côtes anglaise, il laissa *l'Albicorne* serrer le vent, et fit route à l'O. pour débouquer de la Manche.

Le soir même *la Gloire* avait établi sa croisière au point le plus fréquenté de la route (Fireway) que suivaient les bâtimens sortis des ports sud de l'Angleterre ou ceux qui voulaient y aterrir.

Il fit dans cette position cinq prises dont une corvette à trois mâts, *le Spy*, équipée en flûte et armée de 18 canons; ne voulant point affaiblir son équipage, le commandant français lui ôta son artillerie, et l'expédia pour l'Angleterre en cartel d'échange.

Les tempêtes de l'hivernage ne permirent point à *la Gloire* de sillonner long-temps cette mer toujours houleuse. Le délabrement et l'inexpérience de ses hommes la forcèrent, après 15 jours de navigation par un temps de tourmente, à chercher des eaux et une température moins rigoureuses.

Le Portugal était alors occupé par l'armée anglaise. Elle se porta vers l'embouchure du Tage pour intercepter les correspondances entre Lisbonne et l'Angleterre; mais elle fut contrainte de prendre chasse devant deux frégates, *la Pique* et *la Loire*, à portée de canon, desquelles elle éprouva l'importante avarie de la rupture des clefs de ses deux mâts de hune. Une grande habileté de manœuvres réussit, contre toute apparence, à la tirer de ce pas critique.

Elle fut alors croiser entre Madère et les Canaries, d'où, après y avoir capturé six bâtimens, elle se dirigea vers la Barbade, point d'atterrage de tous les bâtimens anglais destinés aux Antilles.

La fin prochaine de ses vivres et le mauvais état de sa mâture purent seuls contraindre le capitaine Roussin de regagner les côtes de France. Ce fut le 6 février que son cap fut mis sur nos ports, où il devait porter à nos matelots abattus des souvenirs de bonheur et d'audace; vingt jours après un coup de vent de Sud-Ouest l'avait porté sur la Sonde.

Il était deux heures de relevée, lorsque la voix d'une vigie signala un navire : c'était *le Limet*, brick de 14 canons.

Bien que la bourrasque eût molli depuis quelques instans, les bouffées étaient toujours violentes, la mer était toujours zébrée d'écume. Malgré tout ce qu'avait ce temps de contraire à la manœuvre, le commandant de *la Gloire* ordonna de gouverner dessus; un instant après il lui hêlait d'amener.

Loin de se rendre, le brick, profitant de la dureté de la mer, qui rendait le tir incertain, et des petites dimensions de son bâtiment comparativement à celles de la frégate, fit plusieurs viremens de bord vent arrière, manœuvre que *la Gloire* ne put imiter. Cette fuite retarda sa prise jusqu'au moment où, se trouvant sous le vent de la frégate, il reçut une demi-volée, sous laquelle s'abaissa son pavillon.

La tempête, qui avait repris une nouvelle force, rendit l'amarrinage de cette prise fort dangereux. Il s'effectua cependant sans la perte d'un seul prisonnier, quoi qu'ils se fussent presque tous enivrés, et à la vue d'une frégate ennemie qui était à la cape, trois lieues sous le vent.

Le jour baissait, le capitaine Roussin expédia le bâtiment pour Brest; puis, pour captiver l'attention de la frégate ennemie, laissa arriver sur elle.

A dix heures du soir, par une nuit profonde, où, malgré la phosphorescence des vagues, la mer se confondait avec le ciel, les frégates se trouvèrent à contre-bord et à si petite distance l'une de l'autre, qu'il est difficile de comprendre comment elles purent éviter un abordage, qui sans doute les eût enveloppées dans un commun sinistre.

Un moment après qu'elles se furent dépassées, un nouveau coup de vent éclata, et ôta aux deux bâtimens la possibilité de se conserver en vue. On sut de suite que cette frégate était *l'Andromaque*, forte de 46 pièces de gros calibre.

Le 28 février 1813, *la Gloire* entra dans la rade de Breste après une croisière de soixante-treize jours. Le tort qu'elle fit à l'ennemi fut évalué à 5 millions ; 396 prisonniers, provenant de ses captures, parvinrent dans nos ports.

Cet avantage ne fut point le seul que cette expédition procura à la France. Elle put, en outre, dans ce temps où les marins étaient si rares, compter sur un équipage qu'avaient commencé à former plusieurs mois de tempêtes et de combats.

Si cette course ne fixe point l'attention par l'intérêt dramatique qui s'attache aux victoires importantes et aux grandes catastrophes, tous nos marins ont apprécié ou apprécieront l'importance qu'avait l'habileté et le courage avec lesquels elle fut conduite dans un système qui pouvait tarir dans leurs sources les forces de l'Angleterre, et préparer de nouveaux élemens de puissance maritime pour notre pays. On reconnaîtra d'ailleurs quel degré de dévouement ces expéditions supposaient dans nos marins à cette époque, en réfléchissant que la France avait à peine six frégates sur ces mers, que les flottes anglaises écrasaient sous leurs vaisseaux.

EXPÉDITION

DE L'AMIRAL GANTEAUME.

(1801.)

Malgré tous les événemens arrivés en France depuis son retour, le vainqueur de l'Italie, le héros des pyramides, n'avait point renoncé à la domination que, dès sa jeunesse, il avait résolu d'étendre sur l'antique empire des Pharaons. Sa pensée toute nationale avait pour but de planter le drapeau de la république française entre l'Asie et l'Afrique, et d'y établir une colonie destinée à former un pied-à-terre entre nos provinces méridionales et l'Indoustan, et à opposer un obstacle infranchissable aux envahissemens des comptoirs britanniques. D'un autre côté, le soin de sa propre gloire le poussait à mener à fin cette gigantesque entreprise. En laissant ses vieux compagnons d'armes sur la terre africaine, sans vivres, sans munitions, il leur avait promis de veiller sur leur destinée, et nos soldats comptaient sur sa parole.

Après les échecs qu'ils avaient essuyés, au

milieu d'un peuple vaincu, mais toujours prêt à se révolter, ils avaient vu les embarras de leur position se compliquer encore par l'assassinat de Kléber. Le guerrier qu'on lui avait donné pour successeur, loin de montrer les capacités que les circonstances exigeaient de lui, ne fit, par sa conduite, que faire craindre davantage pour le sort des troupes sous ses ordres. Ces troupes dénuées de tout et abandonnées à elles-mêmes, n'attendaient leur salut que de nos escadres qui devaient leur porter les secours dont ils avaient tant besoin, et rétablir les communications entr'elles et la mère-patrie.

Le premier consul, qui ne connaissait que trop leur position critique mit tout en œuvre pour secourir ces vieilles légions républicaines. Comme les flottes anglaises couvraient la méditerranée et que notre marine avait beaucoup souffert dans les campagnes précédentes, il offrit des primes aux bâtimens du commerce qui parviendraient à aborder la côte égyptienne, et à y porter des approvisionnemens; d'honorables récompenses furent promises aux officiers français qui seraient assez heureux pour éviter les croisières ennemies, et pour joindre leurs frères d'armes.

Malheureusement, presque toutes les tentatives qui furent faites, loin d'être couronnées de succès, n'aboutirent qu'à augmenter le nombre des prises dont l'anglais garnissait ses ports. C'est dans ces tristes circonstances que le gouvernement britannique, qui épiait le moment de porter le coup mortel à l'expédition d'Egypte, crut ce moment arrivé, et ordonna à l'amiral Keith de prendre sur son escadre les troupes de débarquement réunies dans les îles Baléares, sous les ordres de sir *Ralph Abercromby*. Cette escadre de plus de soixante voiles, était composée de trois vaisseaux de 80 canons, le *Foudroyant* qui portait le pavillon amiral, le *Tigre* et l'*Ajax*; de trois vaisseaux de 74, le *Kent*, le *Northumberland* et le *Swiftshure*; de 8 vaisseaux armés en flûte, de quatre frégates de première ligne, l'*Ulysse*, la *Pénélope*, la *Flore* et la *Florentine*; de quarante autres frégates et bâtimens de transport. Elle était montée par 23,000 soldats. Au bout de huit jours, elle rallia la flotte turque, qui se composait du vaisseau à trois ponts le *Sultan-Sélim*, de 110 canons; de cinq vaisseaux de 74 et de 8 corvettes. Cette dernière escadre portait à son bord 6,000 janissaires et albanais. Ces flottes combinées, après avoir longé les bords du Detta, s'embossèrent en ligne de débarquement, le 8 mars, dans la rade d'Aboukir.

A la nouvelle de cette formidable expédition qui menaçait d'une perte certaine notre armée, dont le blocus des côtes d'Egypte avait presqu'entièrement épuisé les forces et les ressources, Bonaparte résolut de redoubler d'efforts pour lui fournir, à quelque prix que ce soit, les moyens de salut.

On poussa avec une incroyable activité les armemens secrètement ordonnés dans les différens ports de l'Atlantique ; celui de Brest était le plus considérable. Cette escadre, dont l'amiral *Ganteaume* reçut le commandement, était composée de 7 vaisseaux de ligne, de deux frégates et d'un aviso.

L'amiral Ganteaume, l'un des marins sur lesquels le premier consul comptait le plus, reçut des instructions rédigées par Bonaparte lui-même. L'équipement de cette escadre avait été si secret et si prompt, que lorsqu'il fut terminé, la France même en ignorait les préparatifs. Dès que la flotte fut prête à appareiller, on ordonna à tous les bâtimens qui étaient dans les ports et sur les rades de l'Océan, de feindre des sorties pour forcer les croisières anglaises à s'éparpiller, et donner à l'amiral Ganteaume les moyens de tromper la surveillance des forces navales stationnées à l'île d'Ouessant. Mais ces feintes n'eurent pas tout le succès qu'on en attendait. Plusieurs divisions anglaises quittèrent effectivement ce point pour étendre au nord et au sud leurs reconnaissances ; mais l'amiral Hervey qui commandait pendant l'absence de lord Cornevallis, ne crut pas devoir dégarnir de vaisseaux cette importante position.

Le 7 janvier, l'escadre appareilla pour se porter sur la rade de Bertheaume, les vaisseaux l'*Invincible*, l'*Indomptable* et le *Formidable*, armés chacun de 80 canons ; la *Constitution*, le *Dix-Août*, le *Jean-Bart* et le *Desaix*, vaisseaux de 74 ; les frégates la *Bravoure*, et la *Créole*, de 40, et l'*Aviso*, *le Vautour*, formaient, à la chute du jour, une ligne d'ambossage forte de 650 bouches à feu. Le lendemain, avant le lever du soleil, cette flotte mit à la voile. Un vent frais N.-E. semblait favoriser cette sortie ; tous les vaisseaux défilèrent en bon ordre. Ayant été averti, durant la nuit, par la lueur de plusieurs feux, de la présence de quelques croiseurs ennemis en face du chenal de l'Iroise, l'amiral Ganteaume, dans le but de leur échapper, donna le signal de se porter dans la passe du *Raz*, qui est difficile et peu sûre.

Malgré l'obscurité du premier matin, et toutes les précautions prises par notre escadre, cette manœuvre fut découverte par les Anglais. Alors l'amiral français fit regagner le mouillage, afin que l'ennemi crût que cette tentative, à l'instar de celles que faisaient nos bâtimens sur toutes les côtes, n'avait été essayée que pour l'inquiéter.

Dans cette position, Ganteaume attendit

qu'un coup de vent forçât la croisière à prendre le large, événement qui ne se fit pas long-temps attendre. Une tempête balaya le passage dans la journée du 22 janvier, et le lendemain, dans la nuit, le signal du départ fut donné.

Quoique les vagues, encore excitées par le vent et les récifs, offrissent des dangers, l'escadre n'en mit pas moins hardiment le cap en mer; guidée par le feu de l'amiral, elle conserva son ordre pendant quelque temps; mais chacun des bâtimens occupé de sa propre manœuvre, perdit bientôt le feu de vue. Le lendemain, au lever du jour, tous les navires se trouvèrent isolés les uns des autres. Comme le point de ralliement avait été fixé à la hauteur de la pointe de *Gata*, chacun d'eux se porta à force de voiles dans cette direction. Ce jour même, la frégate la *Bravoure*, se trouvant sous le cap Finistère, tomba dans les eaux d'une frégate anglaise. Elle fut la seule qui, dans ce trajet, rencontra l'ennemi. Les deux adversaires échangèrent d'abord quelques bordées; le brave capitaine *Dordelin* voulant ensuite aborder la frégate anglaise, celle-ci prit chasse, et la *Bravoure* continua sa route.

Quelques jours après, le capitaine de la frégate anglaise ayant donné connaissance à l'amiral *Hervey*, du départ de notre escadre, celui-ci détacha sur-le-champs, sept de ses vaisseaux les plus fins voiliers et deux de ses meilleures frégates, sous les ordres de sir *Robert Calder*, avec injonction de se porter sous le vent des Antilles, pour atteindre les bâtimens français le plus tôt possible. L'amiral *Hervey*, comptant sur l'état formidale des forces britanniques dans la méditerranée, était loin de soupçonner que l'amiral français eût pris cette direction. Aussi pendant que sir *Robert Calder* cherchait Ganteaume dans la mer des Antilles, celui-ci rejoignait tranquillement une escadre qui traversa sans obstacle la station de Trafalgar et se trouva au surplus, le 10 février, à la hauteur du Cap de *Gata*. Quoique cette double haie d'ennemis eût été franchie, notre flotte n'avait pas encore vaincu les plus grandes difficultés. Il lui fallait encore éviter les croisières qui, sous les ordres de lord *Keith*, sillonnaient en tout sens le golfe de Lyon; triompher des forces nouvelles de l'amiral *Kickerton*, mouillées dans les eaux d'Egypte; se soustraire à la poursuite des vaisseaux de l'amiral *Warren*. Sans craindre les périls d'une mission, commencée sous de favorables auspices, l'amiral français fit mettre sous voile et ranger la côte d'Afrique.

Le temps favorisa constamment cette navigation. Pour échapper à l'ennemi, les bâtimens longeaient la côte de si près qu'on l'avait sans cesse en vue. Plusieurs prises furent faites dans les premiers jours. La corvette *l'Incendiaire*, expédiée en mouche par la flotte de Gibraltar, s'étant trop approchée de ces vaisseaux, l'un d'eux la chassa avec tant d'habileté qu'il la fit s'affaler sur le rivage et la contraignit de se rendre. Le 13 février le *Vautour* captura le cutter le *Sprightly*. Trois jours après un de ces bâtimens prit et amarrina la frégate le *Succès*.

Ici cette campagne si heureuse au début change entièrement de face.

Ganteaume ayant appris que la flotte de lord *Keith*, ralliée à l'escadre ottomane, se dirigeant vers l'Egypte dont l'escadre de Kickerton ouvrait déjà les ports, crut ne pas devoir aller plus loin, de peur d'une catastrophe. N'osant donc plus compter sur la réussite de l'entreprise, il se dirigea vers Toulon, où l'amiral *Warren* vint bientôt le bloquer.

La nouvelle du fatal dénouement de l'expédition et de la rentrée de Ganteaume dans un port de France parvint le même jour à Bonaparte. La hardiesse et l'habileté que l'amiral avait montrées dans sa navigation, ne purent compenser dans la pensée du premier Consul, l'absence du résultat. Son orgueil national en fut indigné. Habitué à vaincre, il ne concevait pas qu'un officier sous ses ordres hésitât à acheter la victoire au prix de quelques sacrifices.

Qu'importait la capture de quelques bâtimens, lorsque l'Egypte était ménacée, lorsque nos soldats abandonnés sur ces sables arides, tendaient leurs bras vers la France! La consolidation de notre conquête orientale était aux yeux de Bonaparte une question d'honneur. Il fit porter par son aide de camp *Gérard Lacuée*, l'ordre à Ganteaume de remettre sur le champ à la voile. Pour la seconde fois la sortie de l'escadre française fut favorisée par le hasard.

Sur ces entrefaites, le Roi des Deux-Siciles n'ayant pas voulu se soumettre au système continental imposé par Bonaparte, une armée d'invasion avait été envoyée sur Naples par le général Murat. Le cabinet de Saint-James, pour appuyer son allié, ordonna à l'amiral Warren de porter son escadre sur la côte méridionale de l'Italie, et de s'y mettre à la disposition de Ferdinand IV. Mais arrivé sur la rade de Naples, il n'eut plus qu'à regagner sa première position, le Roi venant de signer la paix avec la république française.

Warren, de retour devant Toulon le 25 mars, apprit que Ganteaume en avait quitté la rade dès le 20; il retint de suite le cap au S.-E., persuadé, d'après les premières manœuvres des vaisseaux français, que cette escadre avait cinglé vers les côtes d'Egypte.

Les nouvelles instructions données à Ganteaume par son gouvernement, lui ordonnaient, dans le cas où les côtes d'Egypte offriraient une ligne de forces impossible à rompre, ou à franchir, d'aborder le rivage d'Afrique entre le cap Rozat et Tripoli, et d'y débarquer ses troupes avec des approvisionnemens suffisans pour qu'elles pussent atteindre la frontière égyptienne. Ayant serré les côtes de la Sicile, de la Morée, et de l'Anatolie, il sonda d'abord les eaux qui lui eussent permis de se mettre en rapport avec nos soldats; mais partout des forêts de mâts ennemis frappèrent sa vue, ce qui l'obligea à se diriger vers la rive du désert de Barea, où, ayant appris que l'escadre sous les ordres de l'amiral Warren était à sa recherche dans ces parages, il se vit encore une fois contraint de faire voile pour les ports de France. Mais Bonaparte, dont aucun obstacle ne pouvait fléchir la volonté, persista dans le dessein de faire parvenir l'escadre française à sa destination, quels qu'en fussent les dangers.

Ganteaume, en attendant de nouveaux ordres, fut envoyé sous les murs de Porto-ferrajo dont les français faisaient le siége, afin d'en hâter la reddition. Mais l'escadre française avait besoin de repos. Les troupes de débarquement étaient entrées avec les matelots dans les entrepôts ; une épidémie s'en suivit ; un temps dur, une brise violente, une mer âpre développèrent parmi eux des affections et des maladies qui finirent pas prendre un caractère contagieux. Les ravages de cette épidémie furent si violens et si prompts que l'amiral français se vit forcé de renvoyer à Toulon les vaisseaux le *Formidable*, l'*Indomptable* et le *Desaix* ainsi que la frégate la *Créole*, faute d'équipages pour les gouverner. La flotte ainsi réduite, débouqua le golfe adriatique, le 25 mai, et, le 8 juin, eut en vue le rivage Egyptien. Ganteaume, sans toucher les ports bloqués par les trois flottes anglaises tour à tour à l'ancre ou en croisière, et dont les forces étaient de beaucoup supérieures aux siennes, gagna la rive occidentale pour chercher un lieu propre pour le déparquement. Après avoir longé le rivage barbaresque, et se trouvant à la hauteur de Bengazi, il donna le signal de jeter l'ancre. Les préparatifs de mise à terre eurent lieu au sein d'un enthousiasme général. Les soldats qu'on allait déposer sur cette terre ingrate, sur ces sables brûlans, oubliaient les fatigues du long et périlleux voyage qu'ils avaient encore à faire, pour ne songer qu'à leurs frères d'armes qu'ils allaient enfin revoir et secourir. Mais, à la vue des vaisseaux, les arabes étaient accourus sur la plage qui en était couverte, et une divison anglaise fut signalée par les vigies. Ganteaume se voyant encore obligé de renoncer à son entreprise, fit couper les cables et mettre à la voile

De son côté, l'amiral *Keith*, comptant sur la supériorité de ses forces, hâta sa marche pour joindre son ennemi; mais, après une longue chasse, il le perdit de vue; il fit alors gouverner pour reprendre sa station, emmenant deux de nos *transports* tombés en son pouvoir. Toutefois, pendant la chasse où l'escadre française entrainait la flotte de lord Keith, la corvette l'*Héliopolis*, envoyée par Ganteaume en éclaireur, avait profité de l'évolution des vaisseaux anglais pour se jeter dans le port d'Alexandrie.

Dans son mouvement de retraite, Ganteaume fit plusieurs captures à l'ennemi. D'abord une corvette chargée de dépêches pour lord Keith, tomba dans la division française. Le 23, le vaisseau le *Swifsthure* fut pourchassé par deux des nôtres.

Dès que l'anglais eut reconnu nos couleurs, il laissa arriver en déployant toute voile, mais il ne put échapper aux deux chasseurs; gagné par eux, il fut forcé d'accepter le combat qui fut long et rude. Il faut rendre justice au commodore *Hallowel* pour son honorable défense. Lorsqu'il remit son vaisseau aux commandans français, celui-ci était demâté, criblé de boulets, à jour de toutes parts, et près de couler bas.

L'amiral Ganteaume fit en pleine mer, au milieu des dangers qui l'environnaient, réparer cette prise avec une admirable rapidité. Six jours après cette rencontre, la flotte entrait dans la rade de Toulon où bientôt après parvint la capitulation de l'armée d'Egypte.

La reddition de l'Egypte mit fin à toutes les tentatives de Bonaparte pour garder cette conquête.

Dès cette époque la pensée du premier consul se porta presque tout entière vers l'empire de la mer, sans lequel toute puissance est incomplète et toute domination limitée.

EXPÉDITION D'ÉGYPTE.

ATTAQUES ET PRISES DE L'ILE DE MALTE ET DE LA VILLE D'ALEXANDRIE.

(1798.)

Le général Bonaparte avait conçu en Italie, la plan de fonder en Egypte une colonie puissante, destinée à devenir l'entrepôt du commerce de l'Inde. Pendant son séjour à Paris, dans les premiers mois de 1798, ayant mûri ce plan, il le soumit au directoire. Ses idées furent adoptées, et les ordres donnés pour rassembler, sur les côtes du golfe de Lyon, les troupes d'embarquement. Confiés aux soins de l'actif Bonaparte, les préparatifs de l'expédition furent poussés avec vigueur. Dans l'espace de deux mois, toutes les forces de terre et de mer nécessaires à cette entreprise, furent réunies à Toulon. Le secret, si nécessaire au succès d'une opération de cette nature, fut religieusement gardé. Témoins du mouvement considérable qui régnait à Toulon et dans d'autres ports de la Méditerranée, les Anglais prodiguèrent l'or pour en connaître les motifs; mais ils ne purent savoir autre chose, sinon qu'il était question d'une descente en Angleterre.

L'amiral Nelson reçut en conséquence l'ordre de passer le détroit de Gibraltar, et de s'opposer à ce que la flotte française pût attaquer celle de l'amiral Jervis, qui tenait la flotte espagnole, notre alliée, bloquée dans le port de Cadix.

L'armée navale, commandée par le vice-amiral Brueys, ayant sous ses ordres les contre-amiraux Villeneuve, Blanquet, Ducheilon, Décrès, et pour chef-d'état-major, le chef de division Ganteaume, était composée de 13 vaisseaux de ligne, dont un de 120 (l'*Orient*), 2 de 80, et 10 de 74 canons; de 2 vaisseaux de 64, pris aux Vénitiens (*Causse* et le *Dubois*), armés en flûte; de 8 frégates de 40 et de 36 canons; 6 frégates vénitiennes armées en flûtes, 2 bricks, des cutters, des avisos, des chalouppes, canonnières, et autres petits bâtimens de guerre, au nombre de 72.

Les batimens de transports étaient au nombre de 400 environ, et l'on évaluait à près de 10,000 hommes le total des gens de mer.

Le 19 mai 1798, l'escadre entière et tous les bâtimens de transports sortirent de la rade de Toulon, le général Bonaparte, avec une partie de l'état-major-général, était à bord du vaisseau amiral. L'escadre longea la côte de

Provence jusques vers Gênes, et se dirigea ensuite sur le cap de Corse, et côtoya l'île de Sardaigne. Le 3 juin, l'amiral fut informé, par un aviso, que 3 vaisseaux anglais et 2 frégates avaient été aperçus devant Cagliari. Quelques vaisseaux français prirent cette direction ; mais les bâtimens ennemis avaient disparu.

Le 7 juin, l'armée navale passa à portée de canon du port de Mazara, en Sicile. Un spectacle majestueux s'offrit alors aux yeux des Siciliens étonnés : éclairés par les rayons du soleil, plus de 300 voiles présentaient l'aspect d'une grande ville flottante, et s'avançait dans le plus imposant appareil.

Le 8 juin, un brick anglais, capturé par un des bâtimens légers de l'expédition, annonça que l'escadre de l'amiral Neslon, envoyée à la poursuite de la flotte française, n'était pas éloignée; mais elle ne se vérifia point. Le 9 juin, l'escadre quitta la côte de Sicile, et se dirigeant au sud-est, elle parut, sur les 5 heures du matin, en vue des îles de Malte. Comme il entrait dans le plan de Bonaparte de prendre possession de cette île, l'escadre reçut l'ordre de s'avancer en ligne de bataille. L'amiral Bruyes se mit en devoir d'attaquer les forts qui défendaient l'entrée du port, en même temps que le général en chef faisait faire des dispositions pour débarquer quelques corps de troupes.

Le dimanche 10 juin, à quatre heures du matin, la descente se fit sur sept points à la fois, dans les îles de Malte, de Gose, et de Cumino; et le lendemain, après avoir essuyé une faible résistance, Bonaparte fit son entrée à Malte, à la tête des troupes débarquées; l'armée navale entra dans le port et vint se ranger à portée de pistolet des quais. Trente mille fusils, 12,000 barils de poudre, des vivres pour 6 mois, 2 vaisseaux, une frégate, 3 galères et d'autres petits bâtimens de guerre, le trésor de l'Eglise de Saint-Jean, estimé à 3 millions de francs, tels furent les avantages matériels de cette importante conquête.

Après être resté six jours à Malte et y avoir laissé une garnison française, Bonaparte se rembarqua, et toute la flotte appareilla le 19 juin pour suivre sa destination, emmenant avec elle les bâteaux de guerre trouvés dans le port de Malte.

Poussée par un vent frais de nord-ouest, elle continua directement sa route à l'est, dans la grande mer qui sépare l'île de Malte de celle de Candie. L'ordre avait été donné à tous les vaisseaux qui éclairaient la marche de l'escadre et du convoi, d'arrêter tous les bâtimens rencontrés, dans la crainte que l'escadre et les croisières anglaises ne fussent informées de la direction que prenait l'expéditon.

Nelson, déjà célèbre dans la marine anglaise, avait reçu de son gouvernement l'ordre de faire suivre la flotte expéditionnaire, de détruire, de disperser le convoi ; son escadre se composait de 13 vaisseaux de ligne et un brick, et vers la fin de mai, il était venu croiser dans les parages de l'île de Corse ; mais déjà la flotte française avait doublé l'île et se trouvait à 10 lieues par le travers de Bonifacio, entre ce goulet et la côte de l'Italie. Les deux escadres étaient séparées par la Sardaigne. Nelson, après avoir croisé dans le golfe de Lyon, cotoyé la rivière de Gênes et l'Italie, jusqu'à la hauteur de Naples, était revenu devant Toulon, espérant toujours rencontrer les Français ; mais ce jour même, Bonaparte entrait dans le port de Malte. Nelson, moins incertain alors sur la route qu'avait suivie la flotte française, fit voile par la mer de Toscane, et vint mouiller devant Messine, où il apprit l'occupation de Malte le jour où l'expédition se remettait en route pour suivre sa destination. Nelson fut informé également, quelques jours après, de la direction de l'escadre française. Ne doutant plus que l'Egypte et la Syrie ne fussent le but de l'expédition, l'amiral anglais leva l'ancre, prit une direction perpendiculaire à celle des Français, traversa le canal, longea les côtes de Barbarie, et arriva le 28 juin en vue d'Alexandrie.

Une chaloupe fut envoyée par Nelson au

commandant turc, afin de lui donner avis du danger dont il était menacé, et lui demander la permission de relâcher dans le port, lui promettant de faire agir les forces britanniques pour empêcher toute espèce de tentative de la part des Français. Mais par l'effet de l'ignorance et du caractère soupçonneux des Turcs, l'amiral anglais se vit repoussé comme un ennemi. Le commandant d'Alexandrie fit signifier à l'amiral qu'il ferait tirer sur son escadre, si elle tentait de s'approcher du port. Alors Nelson fit voile vers les côtes de Syrie.

Cependant l'expédition française était arrivée le 30 juin en vue du cap Durazzo, de l'île de Candie; le lendemain, elle longea le golfe du même nom, et gagna ensuite la pleine mer.

Le 1er juillet, à la pointe du jour, on signale la tour des Arabes, sur la côte d'Afrique, et sur les 9 heures du matin, la flotte entière put apercevoir les minarets de la ville d'Alexandrie; c'était le 43e jour depuis le départ de la flotte de Toulon, et le 13e après avoir quitté Malte. Aucun accident n'avait troublé la traversée.

Un bâtiment fut envoyé au port d'Alexandrie, pour savoir ce qui se passait dans la ville, et faire venir à bord du vaisseau amiral le consul français. Celui-ci apprit au général en chef l'apparition et le départ de l'escadre de Nelson, en l'informant en outre des mauvaises dispositions des habitans et de la nécessité d'employer la force pour se rendre maître d'Alexandrie. Alors Bonaparte hâta les préparatifs du débarquement. La flotte mouilla le plus près possible de la côte, vers le fort Marabon, à l'ouest du port d'Alexandrie; des frégates furent détachées pour croiser devant cette ville. Le vaisseau l'*Orient*, en voulant s'approcher de l'anse du Marabon, se rencontra avec le vaisseau vénitien le *Dubois*, et une des frégates, et eut son beaupré rompu; le vaisseau et la frégate furent endommagés dans leurs voiles et leurs replis.

Cependant le vent s'était élevé, la mer était houleuse, et, dans une circonstance moins puissante, peut-être eût-il été prudent d'attendre encore quelques instans pour opérer le débarquement, surtout sur une côte bordée de récifs, telle que celle d'Alexandrie; mais il n'y avait pas de temps à perdre, les Anglais pouvaient paraître d'un moment à l'autre, et Bonaparte sentait bien que s'ils profitaient du désordre inévitable d'une telle opération, il lui serait difficile de ne point essuyer quelque échec, malgré tous les moyens de défense dont il pouvait disposer.

Le 1er juillet, les ordres furent en conséquence donnés pour que les troupes descendissent à terre. La distance à laquelle étaient mouillés les bâtimens, et le vent violent qui agitait la mer et la rendait dangereuse pour les petites embarcations, apportèrent d'abord de grands obstacles aux dispositions prises par le général en chef. Au moment où celui-ci s'embarquait sur la demi-galère qui devait le porter à terre, les croisières signalèrent comme ennemie, une voile qui paraissait à l'ouest. L'inquiétude que la vue de ce bâtiment devait faire naître dans l'esprit de Bonaparte, lui arracha cette exclamation : « Fortune, m'a- » bandonnerais-tu ? Quoi ! Seulement cinq » jours ! » La fortune ne trahit point les espérances unanimes. On reconnut bientôt que le bâtiment signalé était la frégate la *Justice*, qui arrivait de Malte.

La mer était couverte de chaloupes et d'embarcations. Plusieurs divisions éprouvèrent quelques difficultés par la situation du vent à l'égard de leur position; la demi-galère qui porta le général en chef, s'avança, à travers le récif, le plus près possible du Marabon. Le jour commençait à faiblir, lorsque les embarcations où se trouvait une partie des divisions, se réunirent autour de la demi-galère. Un pilote d'Alexandrie qui était venu avec le consul français, dirigea les canots sur la plage du Marabon, où elles débarquèrent heureusement. Cependant la demi-galère éprouvait la plus grande difficulté pour suivre les canots qui s'approchaient du rivage; l'obscurité de la nuit la força de mouiller à une demi-lieue de terre. A une heure du matin, Bonaparte et quelques officiers supérieurs de l'état-major général, montèrent dans des canots et gagnèrent la terre, à quelque distance du Marabon.

Le 2 juillet, le général en chef passa les troupes débarquées en revue. Il n'y avait encore ni chevaux ni artillerie débarqués. Bonaparte fit promptement former plusieurs colonnes, pour garder le point de débarquement. Il envoya en même temps aux bâtimens du convoi, l'ordre d'appareiller de suite pour venir mouiller dans l'anse du Marabon, et fit hâter le débarquement général des troupes qui se trouvaient encore à bord.

Pendant cette même journée du 2, la ville et les forts d'Alexandrie furent pris d'assaut, et le lendemain, le reste de l'armée effectua ses débarquemens.

Le chef de division, Dumanoir le Peley (depuis contre-amiral), fut nommé commandant du port d'Alexandrie. Les vaisseaux de guerre ne pouvaient, sans quelque danger, venir mouiller dans le vieux port, seul en état de les recevoir, et la reconnaissance de la passe n'ayant point été complètement faite, Bonaparte ordonna à l'amiral Brueys d'aller mouiller dans la rade d'Aboukir, à 9 lieues d'Alexandrie. Dans cet ordre, il était dit expressément que s'il était reconnu que l'escadre ne pouvait se défendre, embossée dans la rade d'Aboukir, contre des forces supérieures, *l'amiral devait partir pour Corfou*, après avoir achevé de débarquer tout ce qui appartenait encore à l'artillerie de terre, laissant à Alexandrie le *Dubois*, le *Causse*, tous les effets nécessaires pour les armer en guerre; la *Diane*, la *Junon*, l'*Alceste*, l'*Artémise*, toute la flottille légère et toutes les frégates armées en flotte, avec ce qui leur était nécessaire pour leur armement.

Le chef de division Perrée fut nommée commandant de la flottille qui devait agir sur le Nil, et qui était composée du *Chébec* et de la demi-galère prise à Malte, de bombardes et de trois chaloupes canonnières. Cette flotille rendit de grands services à l'armée de terre, dont elle suivit les mouvemens, et avec laquelle elle rivalisa de bravoure dans plusieurs rencontres.

Le 16 juillet, dans une attaque entre les villages de Miniet-Salamé et de Chebreis, la flottille française eut à lutter contre une flottille de 10 à 12 canonnières montées par de Mameloucks, et plusieurs retranchemens garnis d'artillerie. Les marins égyptiens, plus expérimentés que les nôtres dans la navigation du Nil, avaient réussi à envelopper quelques-uns des bâtimens français, et faisaient beaucoup de mal aux autres. Les trois chaloupes canonnières furent un moment prises à l'abordage, mais reprises bientôt par les matelots et soldats qui se trouvaient dans les autres bâtimens. La flottille égyptienne se retira enfin, après avoir vu un de ses bâtimens sauter en l'air; mais la flottille française éprouva de grandes pertes. La majeure partie des équipages et des soldats qui se trouvaient à bord des bâtimens que les Mameloucks avaient enlevés, avaient été massacrés par ces derniers. Le chef de division Perrée, dont le général en chef fit l'éloge dans son rapport au Directoire, fut blessé.

COMBAT NAVAL

D'ABOUKIR.

(1er *Aout* 1798.)

L'amiral Brueys, d'après les instructions de Bonaparte, avait conduit l'armée navale dans la rade d'Aboukir. Le général en chef tenait à la conserver quelque temps, soit pour rembarquer ses troupes en cas d'échec, soit pour les porter plus rapidement vers la Syrie ou tout autre pays, qu'il entrait dans le plan de l'expédition de soumettre aux armes républicaines. La détermination de Bonaparte ne peut être blâmée ; mais en voyant l'armée navale demeurer plus d'un mois dans la baie d'Aboukir, on ne saurait s'empêcher de penser que ses ordres n'aient pas parfaitement été exécutées.

Le port vieux d'Alexandrie, et Corfou, devaient seuls, en effet, servir d'asile aux vaisseaux de ligne, et la baie d'Aboukir n'était destinée à les recevoir que dans le cas où il serait reconnu que l'escadre pourrait s'y défendre contre des forces supérieures.

Malgré l'examen favorable à l'entrée de la flotte, fait par le capitaine de frégate Barré, dans le port vieux d'Alexandrie, l'amiral Brueys n'en fut point satisfait, et prolongea son séjour dans la baie d'Aboukir. Cependant les vivres s'épuisaient, les vaisseaux éprouvaient la plus grande difficulté à se procurer de l'eau fraîche. Cette situation devenait insupportable. Une chose non moins étonnante que la longue station de l'armée de Brueys dans une rade ouverte aux vents et à l'ennemi, c'était de ne point voir Nelson reparaître avec ses vaisseaux. Celui-ci surpris de voir qu'à Alexandrie on n'avait aucune nouvelle de l'expédition française, avait quitté les côtes d'Égypte pour se porter sur les divers points où il espérait obtenir quelque information. Il avait d'abord visité les côtes de Karamanie, puis celle de Morée; enfin, après avoir parcouru tout l'Archipel, sans avoir rien appris, il était revenu, manquant d'eau et de vivres, sur les côtes de Sicile, le 18 juillet.

Après avoir passé sept jours dans le port de Syracuse, à faire de l'eau et des vivres, quoique la cour de Naples fût en paix avec la république française, Nelson remit à la voile sans avoir réussi à obtenir des renseignemens positifs sur le point où la flotte française s'était portée; tout ce dont il était certain, c'est qu'elle n'avait pas redescendu la Méditerranée. Le 28, son escadre se présenta devant le golfe de Coron, et là, il apprit enfin que les Français avaient été vus, plus d'un mois auparavant, des côtes de Candie, faisant route au sud-est; il en conclut de nouveau que l'Egypte était le but de son expédition, et il dirigea son escadre vers les côtes de ce pays. Il arriva en vue d'Alexandrie le 1er août, à midi. Peu d'heures après, il eut connaissance de l'escadre française mouillée dans la rade d'Aboukir, et se disposa sur-le-champ à l'attaquer.

Cependant l'amiral Brueys croyait son escadre en sûreté dans la baie d'Aboukir. A la confiance qu'il avait d'être victorieux, en cas qu'il fût attaqué, il joignit la conviction que l'ennemi n'oserait venir le combattre dans une baie peu connue des navigateurs, et il l'attendait à l'ancre. La vue des vaisseaux anglais ne le tira pas d'erreur, et il demeura persuadé que Nelson, après avoir reconnu la position formidable, selon lui, de l'escadre française, virerait de bord et se contenterait de croiser au large pour la tenir bloquée.

Ce fut le vaisseau l'*Heureux* qui le premier signala l'escadre anglaise, composée de quinze bâtimens dont treize vaisseaux de 74; il était deux heures. Chaque vaisseau français avait à terre, en outre des marins occupés à creuser des puits, 25 hommes de troupes, pour les protéger contre les Arabes. La première chose à faire fut de rappeler à bord tous les canots et chalouppes avec les travailleurs et l'escorte ; il n'en revint qu'un très-petit nombre. Les frégates reçurent en ce moment l'ordre de verser leurs équipages à bord des vaisseaux.

A trois heures l'escadre ennemie ayant considérablement approché, par un vent nord-nord-est, assez frais, l'amiral fit le signal de *branlebas général de combat*. Ce signal terrible fut exécuté à bord des différens vaisseaux, suivant l'opinion qu'on y avait de la probabilité de l'attaque. Brueys ordonna, en même temps, aux bricks l'*Alerte* et le *Railleur* d'appareiller pour feindre d'aller reconnaître l'ennemi, et dans le but de le tromper sur la profondeur de l'eau dans certains endroits dangereux. Nelson ne donna pas dans le piége, et manœuvra, comme s'il eut eu de bons pilotes. Il ne tarda pas, au reste à en avoir. A quatre heures et demie, une djorme, montée par des français et des pilotes du pays, se dirigea vers le vaisseau amiral Anglais, malgré les coups de canon qui lui furent tirés par l'*Alerte*.

Lorsque la manœuvre de l'ennemi ne permit plus de douter que son intention ne fut d'attaquer, ce soir même, l'amiral ordonna l'embossage, et fit lier les vaisseaux l'un à l'autre par un grélin ; mais ces dispositions ne furent pas généralement exécutées.

A cinq heures, l'escadre anglaise, dont les

vaisseaux s'étaient avancés jusques là pêle-mêle, se forma en ligne de bataille, tribord amures, avec une rapidité et une précision admirables ; Elle se dirigea dans cet ordre vers la tête de la ligne française. A cinq heures un quart, le *Culloden*, chef de file ennemie, s'échoua sur des hauts-fonds à l'est de l'îlot d'Aboukir. La batterie établie sur cet îlot commença alors à lancer sur les vaisseaux anglais quelques bombes, mais elles furent sans effet. Ce ne fut qu'après cinq heures et demie, et lorsque le *Goliatte*, devenu vaisseau de tête de l'escadre anglaise, n'était plus qu'à portée de pistolet du *Guerrier*, que tous les pavillons furent arborés de part et d'autre, que le feu de l'avant-garde commença. Les vaisseaux ennemis le reçurent sans riposter, parce qu'ils ne pouvaient se déranger de leur route, pour présenter le travers et faire porter leurs canons sur l'escadre française. Malgré les dommages qu'ils en reçurent et les hommes qui leur furent mis hors de combat, ils continuèrent de pousser leur pointe.

Bientôt le *Goliatte* parvint à doubler sur l'avant le *Guerrier*, auquel il envoya une bordée en passant. Il voulut mouiller en travers de la joue de ce vaisseau et à terre de lui ; mais son ancre n'ayant pas pris fond assez tôt, il se laissa dériver, vint mouiller par le travers du *Conquérant*, et l'attaqua de la manière la plus vive. Le *Zealous* qui suivait, prit sa place à terre du *Guerrier*, qu'il eut bientôt démâté de son mât de misaine. *L'Orion* vint passer entre le *Zealous* et le *Guerrier*, en lâchant à celui-ci sa bordée de babord ; il passa ensuite à terre du *Goliatte*, envoya quelques bordées de tribord à la *Sérieuse* qui avait fait feu sur lui et la coula. Comme il y avait peu de fond, la frégate ne fut pas entièrement submergée; l'arrière resta au-dessus de l'eau ; c'est sur cette portée de navire que le capitaine *Martin*, les officiers et le peu de marins qui lui restait, après avoir renforcé les équipages de plusieurs vaisseaux, se réfugièrent et demeurèrent pendant le combat. Le brave *Martin* capitula ensuite avec l'ennemi, il obtint que ses officiers et matelot fussent mis à terre, et qu'on le retînt seul prisonnier de guère. Le *Théseus* se dirigeant entre le *Zéalous* et le *Guerrier*, fit tomber à celui-ci les deux mats qui lui restaient, et fut mouiller vis-à-vis le *Spartiate*. *L'Audacious*, servant d'arrière au *Théseus*, prit une autre route, et coupant la ligne d'entre le *Guerrier* et le *Conquérant* auxquels il envoya en poupe et en proue ses deux bordées, vint se fixer par la joue du dernier. Le *Vanguard* (vaisseau amiral) venait ensuite ; mais au lieu de le faire passer, comme le précédent, entre la ligne française et la terre, Nelson, laissant arriver en dehors, lui fit prendre poste à portée de pistolet au large du *Spartiate*, attaqué ainsi des deux bords, mais qui se défendit de la manière la plus brillante. Les vaisseaux qui s'avançaient derrière l'amiral anglais, imitèrent sa manœuvre et vinrent s'établir, le *Minotaur*, en avant de lui et par le travers de l'*Aquilon*, à terre duquel l'*Orion* avait pris poste ; le *Défence* vis-à-vis du *Peuple souverain*. Le *Swifsure* présentant le côté au bossoir du *Franklin*, le *Bellérophon* sous la volée de l'*Orient*, et la *Majesté* sous celle du *Tonnant*.

Ainsi se placèrent onze vaisseaux de l'escadre anglaise. Entourée de cette manière, l'avant-garde et le centre de l'escadre républicaine ne pouvaient manquer de succomber ; malgré les héroïques efforts de leurs défenseurs, si l'arrière-garde commandée par l'autre amiral Villeneuve, tardait de venir prendre part à l'action. Elle demeura paisible spectatrice de leur défaite.

Il était six heures et demie et le soleil tombait à l'horizon, lorsque les deux escadres se trouvèrent engagées de la sorte. De chaque côté on se battait avec un égal acharnement. Bientôt la nuit couvrit la baie, et le combat continua dans l'obscurité avec une ardeur extraordinaire et d'autant plus remarquable, de la part des Français, que leurs vaisseaux attaqués des deux bords ou exposés à l'être, avaient chacun de 150 à 200 marins de moins que le compte de son équipage. Deux vaisseaux que Nelson avait détachés, pour reconnaitre le port d'Alexandrie, et qui n'avaient pu le rallier avant le soir, arrivèrent après la nuit close, et se placèrent de manière à ajouter encore à l'avantage de la position qu'occupaient les assaillans.

L'Alexander coupa la ligne en arrière du vaisseau amiral français, et fut mouiller à terre de lui par sa hanche.

Le Leander, à qui sa faiblesse ne permettait pas de prêter long-temps le côté à un des vaisseaux français, vint mouiller en travers sur l'avant du *Franklin*, dans un intervalle déjà considérable, et devenu plus grand par l'éloignement du *Peuple-souverain*, que la rupture de ses câbles avait fait quitter son poste et tomber sous le vent de la ligne. De cette manière, tous les boulets du *Leander*, qui n'atteignaient pas le *Franklin*, allaient à bord de *l'Orient*, du *Tonnant* ou d'un des vaisseaux plus en arrière.

Désormais, l'issue du combat ne pouvait plus être douteux. Tout le courage que déployaient les officiers et marins des vaisseaux français, cernés par ceux de Nelson, ne pouvait les soustraire au sort qui les attendait, et l'inaction de l'arrière-garde les condamnait à être détruits, ou à devenir la proie de l'ennemi.

Le *Guerrier* et le *Conquérant*, qui avaient vu défiler sur eux, au vent et sous le vent, cinq vaisseaux ennemis, étaient totalement démontés, après sept heures. La presque totalité de leurs canons ne tarda pas à être démontée, plus de la moitié de leur équipage fut bientôt mis hors de combat; ils durent succomber les premiers. Parmi les autres, qui opposèrent à leurs nombreux adversaires, une résistance opiniâtre, quoique désespérée, on distingua surtout le *Spartiate* et le *Franklin*. Le premier (capitaine Emérian), attaqué par le *Vanguard*, vaisseau de *Nelson*, du côté du large, et par un autre, du bord de terre, les maltraita considérablement. Malgré les précautions prises par le capitaine du vaisseau amiral anglais, de se placer et de s'effacer de manière à n'être exposé qu'à une portée des canons du *Spartiate*, le feu de celui-ci lui causa les plus grands dommages. En quelques minutes, tous les hommes employés aux 6 premiers canons sur l'avant du *Vanguard*, (seule partie de ce vaisseau que pouvaient découvrir les canonniers du *Spartiate*), furent tués ou blessés; on y en plaça d'autres; trois fois de suite ils furent balayés. Le *Franklin* (capitaine Gillet, monté par le contre amiral Blanquet Duchayla, commandant l'avant-garde), déjà entouré de plusieurs vaisseaux anglais, se défendait avec vigueur, et son équipage déployait un courage qui sembla s'accroître encore avec le nombre des ennemis qui vinrent l'assaillir.

Le *Tonnant* (capitaine du Petit-Thouars) et l'*Orient*, (vaisseau amiral, capitaine Casa-Bianca) furent d'abord plus heureux que les vaisseaux qui les précédaient, et ils obtinrent un avantage marqué sur ceux des ennemis qui, les premiers se présentèrent pour les attaquer. La *Majesté* en venant prendre poste, le long du *Tonnant*, avait engagé son bout-dehors de beaupré dans le gréement du grand mât de celui-ci. Dans cette position, tous les coups du *Tonnant*, l'enfilant de l'avant à l'arrière, lui firent le plus grand mal. Au bout de quelques instans, son capitaine fut tué, et presque tous les officiers mis hors de combat; 200 matelots éprouvèrent le même sort. Ce fut avec une peine infinie que ce vaisseau parvint à se dégager de dessous le feu meurtrier du *Tonnant*, et réussit à s'établir en travers d'un des vaisseaux plus en arrière, qui probablement ne le reçut pas aussi chaudement. Le *Bellerophon*, quoique placé vis-à-vis de la joue de *l'Orient*, ne tarda pas à être écrasé par ce formidable adversaire. Malgré la position avantageuse qu'avait prise le vaisseau anglais, *l'Orient* étant bien embossé, parvint à s'effacer de manière à faire porter sur lui la plus grande partie de ses canons. Le feu des trois ponts français produisit de terribles effets à bord du *Bellerophon*; avant 8 heures, ses trois mâts furent abattus, une grande partie de ses canons mis hors de service, et il avait près de 200 hommes tués ou blessés; deux bordées encore de *l'Orient* l'eussent coulé bas.

Il coupa son câble pour se soustraire à une destruction inévitable, et se laissa dériver; mais le peu de vent qui régnait alors lui faisait parcourir lentement la queue de la ligne française. Il reçut la volée du *Tonnant* qui acheva de faire une boucherie de son équipage, et il amena pour ce vaisseau; cependant il dérivait toujours, essuya encore quantité de coups de canon de *l'Heureux* et du *Mercure*. Son équipage et principalement les officiers, jetèrent de grands cris, pour faire connaître qu'il était rendu; l'amiral Villeneuve, les entendit, du *Guillaume-Tell*, mais défendit à ce vaisseau et aux deux derniers de la ligne française de tirer sur le *Bellerophon*. On ignore pour quel motif. Le vaisseau anglais, profitant de cette faute, continua de se laisser dériver vers l'embouchure du Nil. Après la retraite du *Bellerophon*, le *Swiftsure* fit un mouvement qui le rapprocha de *l'Orient*, et lui permit de canonner ce vaisseau par la joue, tout en continuant de combattre le *Franklin* par la hanche.

Depuis le commencement du combat, l'amiral Brueys, se tenait sur les dunettes de son vaisseau, avec tous les officiers d'état-major, son capitaine de pavillon Casa-Bianca et l'ordonnateur de l'escadre Joubart. Il y avait, dans ce même endroit une vingtaine d'hommes faisant la fusillade; c'était tout ce qu'on avait pu rassembler pour le service de la mousqueterie, les soldats destinés à ce service, et les marins attachés aux pièces de canon des gaillards ayant été envoyés dans la batterie de 12 où il manquait plus de la moitié des hommes nécessaires à son armement. Dans la première heure de l'action, l'amiral avait été blessé, mais légèrement, à la figure; peu après huit heures, il fut atteint d'un boulet qui le coupa presqu'en deux. On s'approcha pour l'enlever et le transporter au poste des blessés, mais il s'y opposa, et prononça d'une voix ferme ces paroles remarquables : « Un amiral » français doit mourir sur son banc de quart! » Il expira au bout d'un quart-d'heure. Le chef d'état-major ne fit point connaître ce fatal événement à l'armée, pas même au contre-amiral Duchayla, à qui le commandement en chef devait passer, et dont le vaisseau était le plus voisin de l'*Orient*; la position des ennemis y mettaient d'ailleurs obstacle.

L'équipage de l'*Orient* continua de se battre avec acharnement. A bord du *Franklin*, la même ardeur animait les marins, malgré les blessures graves que venait de recevoir à la figure l'amiral Duchayla, qu'on avait été obligé d'enlever de dessus le pont, où il était tombé privé de sentiment.

Lorsque les amiraux commandant l'avant-garde et le centre de l'escadre française tombaient sous les coups de l'ennemi, l'amiral anglais n'était pas plus heureux. Atteint à la tête par un morceau de mitraille, Nelson, qui crut sa blessure mortelle, se fit descendre au poste du chirurgien, et demanda le chapelain, pour l'assister dans ses derniers momens. A l'inspection de la plaie, on reconnut qu'elle n'était que superficielle : un large morceau de la peau du front avait été détaché, et retombait sur la figure ; mais les os n'étaient pas offensés. Nelson cependant demeura dans le faux pont, où il s'occupa à dicter le commencement de ses dépêches et à régler quelques promotions. C'est là qu'il reçut des mains de son capitaine de pavillon, l'épée du commandant du *Spartiate*, quand ce vaisseau se fut rendu.

Vers neuf heures, le feu des vaisseaux de la ligne française avait considérablement diminué, et peu après ce silence, ayant cessé tout-à-fait, ce silence fit pressentir au reste de l'escadre qu'ils étaient rendus; il ne fut plus permis d'en douter, quand on vit les vaisseaux ennemis refluer vers le centre et l'arrière-garde. A neuf heures un quart, le feu éclata sur la dunette, et dans la chambre du conseil de l'*Orient*. On avait été obligé, à bord de ce vaisseau, d'abandonner la 3ᵉ batterie pour pouvoir armer complètement les deux autres. Les parties hautes du vaisseau demeurèrent ainsi presque désertes, et ce fut probablement là la cause des progrès rapides et effrayans que fit l'incendie. Dès ce moment, soit par humanité, soit plutôt par la crainte de devenir eux-mêmes la proie des flammes, les Anglais cessèrent de tirer sur l'*Orient*, s'en éloignèrent, et se réunirent en plus grand nombre sur le *Franklin* et le *Tonnant*. Ces deux vaisseaux soutinrent ces nouvelles attaques avec une fermeté digne d'éloges. Du Petit-Thouars, capitaine du *Tonnant*, criblé de blessures, ayant eu les deux bras et une jambe emportés, faisait, en recevant le coup mortel, jurer à son équipage de ne jamais se rendre, et ordonnait de jeter son corps à la mer, pour qu'il ne tombât pas au pouvoir des Anglais, s'ils parvenaient à prendre le *Tonnant* à l'abordage, après avoir réduit ses défenseurs à l'impossibilité de le repousser. Le capitaine Gillet, du *Franklin*, grièvement blessé, à neuf heures et demie, remit le commandement au capitaine de frégate Martinet. Le feu prit plusieurs fois à bord de ce vaisseau, mais par les efforts du nouveau commandant et de l'équipage, il fut chaque fois promptement éteint. Tour à tour canonniers et pompiers, les marins du *Franklin* déployèrent une bravoure et un sang-froid admirables.

Cependant les flammes dévoraient la mâture et les parties élevées de la coque de l'*Orient*. A la vive clarté qu'elles répandaient, on distinguait parfaitement la position des deux escadres et la couleur de leurs pavillons. Bientôt tout espoir d'arrêter l'incendie fut perdu, et néanmoins l'équipage du vaisseau amiral français continuait toujours de tirer sur les vaisseaux ennemis qu'il pouvait découvrir. Ses marins n'abandonnaient un poste que quand ils en étaient chassés par les flammes ; c'est ainsi qu'ils quittèrent la batterie de 24 pour se porter dans celle de 36, et s'y battre encore.

Enfin, quand le feu menaça de les y atteindre, ils se précipitèrent à la mer par les sabords, les uns cherchant à gagner à la nage la terre ou un des vaisseaux les plus proches, les autres s'accrochant aux nombreux débris dont la mer était semée tout autour du vaisseau. Par un rare bonheur, le chef d'état-major Ganteaume trouva le moyen de se jeter dans un canot, à l'aide duquel il gagna le brick la *Salamine*, puis le fort d'Aboukir, et de là Alexandrie.

L'adjudant-général Motard, blessé à la jambe, put atteindre à la nage un vaisseau anglais qui le sauva, ainsi que plusieurs hommes de l'équipage de l'*Orient*. Casa-Bianca ne fut pas aussi heureux : son fils, encore enfant, mais qui voulait se sauver ou périr avec son père, l'ayant placé sur un débri de mâture de l'*Orient*, ils furent engloutis tous les deux dans les flots, quand le vaisseau vint à sauter. A dix heures trois quarts, l'explosion eut lieu. On ne peut se faire une idée de la sublime horreur d'un pareil spectacle. L'immense gerbe de feu qui s'élança des flancs du vaisseau embrasé, avec un bruit cent fois plus terrible que celui du tonnerre, sembla s'élever jusqu'au ciel, en éclairant tout l'horizon. A cette éblouissante clarté, à cette épouvantable détonation, succédèrent une obscurité profonde et un silence plus effrayant peut-être. Ce silence ne fut interrompu d'abord que par la chute des mâts, des vergues, des canons, et des débris de toute espèce lancés à une hauteur prodigieuse, et qui retombèrent les uns après les autres dans la mer avec fracas. Les vaisseaux environnans coururent les plus grands dangers. De tous ces objets qui pleuvaient autour d'eux, les uns pouvaient les défoncer et les couler à fond, les autres les incendier. Des morceaux de fer rouge, des tronçons de bois et de cordages enflammés, tombèrent à bord du *Franklin*, et mirent, pour la quatrième fois, le feu à ce vaisseau ; cette fois encore on parvint à l'éteindre.

L'espèce de stupeur dans laquelle l'explosion de l'*Orient* avait plongé les deux escadres, dura environ un quart-d'heure, après lequel le feu qui avait cessé de toutes parts en ce moment recommença. Le combat, qui jusqu'alors avait été peu de chose à l'arrière-garde, y devint plus vif. Le *Tonnant*, l'*Heureux*, le *Mercure* avaient, peu de temps avant l'explosion, coupé leurs câbles, pour s'écarter de l'*Orient*, et se dérober aux dangers dont son voisinage les menaçaient ; ils furent attaqués avec vigueur, les deux derniers étaient échoués. De tous les vaisseaux placés en avant d'eux dans la ligne, le *Francklin* seul, quoique démâté de son grand mât, et de son mât d'artimon, et ayant toutes les pièces de sa deuxiéme batterie démontées, résistaient encore. Jaloux de retarder le plus possible leur défaite, les braves défenseurs de ce vaisseau, entourés alors de cinq vaisseaux anglais, s'acharnèrent à combattre avec le petit nombre de pièces de 36 qui restaient encore en bon état.

Duchayla, que la violente commotion qu'il avait reçue avec sa blessure, avait privé à la fois de l'ouie et de la vue, était revenu à lui, et quoi qu'aveugle encore, animait son équipage. A onze heures et demie, on vint lui rendre compte qu'il ne restait plus que 3 canons de 36 pour défendre le vaisseau et l'honneur du pavillon. « Tirez toujours, s'écria-t-il, » notre dernier canon peut être funeste à l'en- » nemi. » Cependant plus des deux tiers de l'équipage étaient tués ou blessés, le reste harassés de fatigues par un combat opiniâtre, eût bientôt éprouvé le même sort. Dans cette triste extrémité, le capitaine de frégate Martinet, rendit le vaisseau, au moment où les anglais montaient à bord avec une sorte de confiance, persuadés que l'équipage était absolument hors d'état de soutenir son abordage.

Le succès qu'avait obtenu l'escadre anglaise sur l'avant-garde française ne l'avait pas été sans de grandes pertes et des avaries majeures de la part des vainqueurs, aussi l'attaque dirigé par eux ensuite sur l'arrière-garde républicaine ne fut pas à beaucoup près aussi terrible. Commencé d'abord avec assez de vivacité, le feu de l'ennemi se ralentit peu à peu, et cessa tout-à-fait, à 3 heures et demie, après que le *Tonnant*, démâté de tous mâts, eût été obligé de couper son câble une seconde fois et de s'échouer. C'est à la résistance opiniâtre et glorieuse de ce vaisseau que les trois derniers de la ligne française, dûrent de n'être guère maltraités.

Au point du jour, le 2 août, six vaisseaux français et trois frégates faisaient encore briller les couleurs nationales. La *Justice* avait mis à la voile pour être plus à même d'exécuter les ordres de l'amiral Villeneuve. Le capitaine de cette frégate, s'apercevant que le *Bellerophon* arborait son pavillon, et se souvenant qu'il avait amené la veille, voulut s'en approcher. Il paraissait échoué à la côte, mais comme il présentait le travers au large, et qu'on le vit mettre quelques canons en sabords, la *Justice* revira et vint se rapprocher du *Guillaume-Tell*. Nelson se hâta d'envoyer l'*Audacious* mouiller auprès du *Bellerophon* pour le protéger.

De trois heures et demie à six, les Anglais avaient employés le temps à regréer leurs vaisseaux les moins désemparés ; mais presque tous l'étaient considérablement, et l'amiral ne put détacher d'auprès de lui que deux vaisseaux, le *Goliath* et le *Théseus*, pour aller renforcer ceux qui avaient combattu pendant la nuit l'arrière-garde française, et qui avaient besoin de ce renfort pour recommencer le combat. Ces deux vaisseaux s'approchèrent à six heures et demie, de l'*Heureux* et du *Mercure*, et se mirent à les canonner. Ceux-ci, échoués malheureusement, le bout à terre, et ne pouvant présenter le travers à l'ennemi, n'entreprirent point de se défendre avec leurs seuls canons de retraite; ils amenèrent leur pavillon.

Les anglais attaquèrent ensuite l'*Artémise*, qui, dès le commencement de l'action, s'était rapprochée de l'arrière-garde. Cette frégate, après avoir lâché une bordée au *Théseus*, amena son pavillon, mais le capitaine mit ensuite le feu à son bâtiment et s'enfuit à terre avec tout ce qui restait de l'équipage, une partie ayant été envoyée avant le combat, à bord de différens vaisseaux. Les anglais se sont vivement récriés contre la conduite du capitaine de l'*Artémise*, oubliant que le capitaine du *Bellerophon* en avait tenu une à-peu-près semblable.

Lorsque la *Justice* leva son ancre le matin, le *Zéalous*, le seul des vaisseaux anglais en état de mettre à la voile, appareilla également; il se tint pendant toute la matinée, à courir des bords par le travers, mais hors de portée de canon de l'arrière-garde française. Nelson, à cause du délabrement de ses vaisseaux, ne put inquiéter d'aucune autre manière les tristes restes de l'escadre républicaine. Villeneuve mit à profit le temps de repos que lui laissait l'amiral anglais, occupé à remettre ses vaisseaux en état de combattre les siens; il répara ses avaries, qui étaient peu censidérables, et à onze heures et demie, il fit le signal d'appareiller. Peu de temps après, le *Guillaume-Tell*, le *Généreux*, la *Diane*, montés par le contre-amiral Decrès, commandant l'escadre légère), et la *Justice* mirent sous voile et se formèrent en ligne de bataille courant au large. Le brik le *Salamine* appareilla de dessous le fort d'A-kir, et rejoignit cette division en mer.

Au même instant, le capitaine du *Timoléon*, dont le vaisseau était hors d'état de mettre en mer, fit voile de sa misaine et courut vent arrière à la côte; aussi à l'instant où son vaisseau toucha, le mât de misaine tomba. En poussant leur bord, les bâtimens français approchèrent le *Zealous*, qui, de crainte d'être coupé, avait viré et courait à terre. Chacun des vaisseaux et frégates lui lâcha sa bordée en passant à tribord; il riposta, et la division française continua la route. Villeneuve gagne bientôt le large sans être poursuivi; les vainqueurs n'ayant pas deux vaisseaux capables de manœuvrer, il parvint en quelques jours à atteindre Malte. C'est en faisant route pour ce port qu'il expédia le *Salamine* à Alexandrie, avec un rapport adressé à Bonaparte.

Les anglais employèrent la journée du 2 à s'assurer des vaisseaux français qui s'étaient rendus, et à adresser des actions de grâces à Dieu, pour la victoire signalée qu'ils venaient de remporter. Le *Timoléon* et le *Tonnant* étant démâtés et échoués, et par conséquent hors d'état de s'échapper, ils ne s'en occupèrent pas. Le lendemain 3, le pavillon de la république flottait encore sur ces deux bâtimens ; le dernier l'avait arboré sur le tronçon de son grand mât. L'amiral anglais songea alors à faire prendre possession de ces vaisseaux. Il envoya d'abord en parlementaire un officier, sommer les restes de l'équipage du *Tonnant*, d'amener le pavillon et de se rendre prisonniers de guerre. L'officier qui avait alors le commandement du vaisseau, demanda pour condition de la remise de cette carcasse, jusques là si vaillamment défendue, qu'un bâtiment le reportât en France avec les marins sous ses ordres. Nelson s'y refusa, et on se disposa, à bord du *Tonnant*, à se défendre jusqu'à la dernière extrémité. L'amiral anglais envoya alors deux de ses vaisseaux pour le réduire. Toutefois, avant de commencer l'action, l'officier qui les commandait fit sommer une seconde fois les officiers de l'équipage du *Tonnant* de se rendre, sans condition. Après s'être convaincus de l'inutilité d'une défense plus longtemps prolongée, ils amenèrent enfin le pavillon. Le capitaine du *Timoléon*, qui n'avait pas été inquiété, s'était occupé, pendant la nuit du 2 au 3 de débarquer son équipage; à midi, il quitta son vaisseau, après y avoir mis le feu. Ces deux événemens formèrent le dernier épisode du combat, et complétèrent le succès de Nelson qui ne fut en état de quitter la baie d'Aboukir que 17 jours après le combat.

Bonaparte en parcourant le rapport du désastreux combat, ne laissa paraître sur son visage aucun trait qui pût faire connaître les sensations extraordinaires que cette lecture devait nécessairement occasionner dans son esprit. Il prit l'envoyé à part et lui demanda des détails de vive voix. Lorsque celui-ci eut à peu près terminé son récit, le général en chef, qui l'avait écouté avec la plus apparente impassibilité, lui dit avec le même sang-froid : « Nous n'avons plus de flotte : Eh bien, il » faut rester en ces contrées, ou en sortir » grands comme les anciens ! »

COMBAT
DE LA FRÉGATE LA VIRGINIE.
CONTRE UN VAISSEAU ET DEUX FRÉGATES.

(1796.)

Pendant le cours des années 1796 et 1797, la marine française sortit tout-à-coup du néant où elle était tombée, et prit en peu de temps une attitude imposante qui semblait présager la renaissance de ces beaux jours de gloire qui avaient lui pour elle, dans la guerre de l'indépendance américaine. Ces deux années furent les plus belles que la république française obtînt dans sa courte et orageuse durée. L'armée navale française dut la réorganisation de ses victoires au vice-amiral Truguet, ministre habile, dont le zèle et le patriotisme se montrèrent supérieurs à tous les obstacles.

Avant de parler du combat de la *Virginie*, nous rapporterons un événement qui a influé heureusement sur le sort de son brave capitaine. Sir Sidney Smitt commandait, au printemps de 1796, la frégate *The-Diamond* et la station anglaise établie devant le port du Hâvre. On assure qu'il avait sollicité et obtenu la mission d'incendier les frégates et autres bâtimens qui étaient alors en construction sur le bord de la mer, en dehors de la ville. Quelques tentatives eurent lieu en effet; mais comme ce fut clandestinement qu'on disposa des fagots incendiaires sous les bâtimens, et que le feu n'y fut pas mis, on ignore si ces tentatives sont du fait du commandant anglais.

Le 18 avril, les canots de la division ennemie s'emparèrent du corsaire le *Vengeur*, qui, depuis quelque temps, avait fait beaucoup de tort au commerce britannique. Le commodore Sidney-Smitt passa sur ce petit bâtiment, pour reconnaître de plus près le port, sans donner de soupçon, le corsaire étant bien connu; mais le vent et le courant l'entraînèrent dans la Seine, où il fut obligé de demeurer jusqu'au lendemain. Tous les canots de la division furent envoyés pour le remorquer et le ramener au lieu où était mouillée sa frégate. La vue de cette longue file de canots qui remorquaient le *Vengeur*, donna l'éveil aux Français; on fit sortir du port quelques bateaux canonniers, qui se portèrent à la rencontre du corsaire et lui livrèrent combat. Après une résistance de deux heures, dans lesquelles deux officiers anglais furent tués et plusieurs autres blessés, ainsi que quelques matelots, le commandant fut contraint de se rendre. Bientôt la nouvelle de cette capture se répandit dans toute la France, où le nom de cet officier était devenu odieux. On ne crut pas avoir au Hâvre de lieu assez sûr pour l'y garder ; on l'envoya d'abord à Rouen, sous bonne escorte; et ensuite, d'après l'ordre du Directoire, on l'envoya à Paris. On ne l'y considéra pas comme un ennemi que les chances de la guerre avait rendu prisonnier, mais comme un criminel d'État ; il fut jeté au Temple. La captivité de sir Sydney-Smitt se prolongea deux ans ; il y mit fin en s'évadant, à l'aide de faux ordres du gouvernement pour sa translation du Temple dans une autre prison.

La prise de la frégate la *Virginie*, eut lieu quatre jours après celle du commodore anglais. Cette frégate, de 40 bouches à feu, portant des 18 en batterie, sortit de Brest, pour remplir une mission, sous le commandement du capitaine de vaisseau Bergeret. Ce jeune officier s'était déjà particulièrement distingué sur la même frégate, dans les affaires des 17 et 23 juin 1795, contre lord Cornwallis et lord Bridport, à la suite desquelles il avait reçu des témoignages flatteurs de la satisfaction de l'amiral Villaret. Le combat que nous racontons, acheva de lui faire une brillante réputation dans une carrière qu'il quitta trop tôt et dans laquelle il rentra ensuite trop tard.

Le 22 avril, la *Virginie* se dirigeait vers le point de croisière qui lui avait été assigné sur les côtes d'Irlande, et se trouvait à quelques lieues du cap Lézard. A la pointe du jour, on aperçoit 6 voiles; à 8 heures, elles ne sont plus qu'à 4 lieues de distance, et on les reconnaît pour une division de bâtimens de guerre ennemis. Elle se composait du vaisseau rasé l'*Infatigable*, monté par le commodore sir Edward-Pellew, des frégates l'*Amazone*, la *Concorde*, le *Révolutionnaire*, du vaisseau de 74, l'*Arago*, armé en flotte, et de la frégate française l'*Unité*, capturée sous *Belle-Isle*, peu de jours auparavant. La *Virginie* prend chasse aussitôt, et se prépare au combat. Les talens, le courage de son capitaine, et l'enthousiasme de son équipage, ne laissent, en ce moment, aucun doute que si, malgré les efforts qu'on fait, avec raison, pour éviter une action contre des forces aussi supérieures, il faut absolument l'engager, elle ne doive devenir sanglante et glorieuse pour les défenseurs du pavillon national.

Les trois premiers bâtimens de la division anglaise se détachent à la poursuite de la frégate de la république, tandis que les autres continuent leur route vers l'un des ports de l'Angleterre. Le vaisseau rasé seul eut pendant la journée un peu d'avantage de marche sur la *Virginie*. Vers le soir, le vent devint faible, et surtout irrégulier; il fut favorable au chasseur, qui, vent arrière, recevait le premier la brise. Un beau clair de lune empêcha de se dérober à sa vue, malgré les fausses routes qu'on fit; il joignit donc la frégate sur les onze heures et demie du soir; dès-lors le combat devint inévitable. Les premiers coups furent tirés par la *Virginie*. Le vaisseau la serra en face et vint la ranger vergue à vergue, après avoir tenté inutilement de la combattre en hanche; la frégate française sut manœuvrer toujours de manière à lui présenter le travers. Le commodore Pellen dit, à ce sujet, dans son rapport à l'amirauté: « Je ne » tardais point à m'apercevoir que j'avais à » faire à un ennemi fort habile, et devant » lequel je ne pouvais risquer aucune ma- » nœuvre hasardeuse. »

A une distance aussi rapprochée, le combat qui s'engagea devint terrible. Dès la seconde volée, l'ennemi fut démâté de son mât de perroquet de fougue, et désemparé de ses voiles de l'arrière; mais bientôt il fit éprouver à la frégate toute la supériorité de son artillerie, surtout celle de ses gaillards, qui, en outre de 6 canons de 12, étaient armés de 20 caronades de 42, armes dont l'usage ne fut introduit que plus tard dans la marine française, et qui vomissaient une épouvantable quantité de mitraille. La *Virginie* ne pouvait y opposer qu'une faible artillerie du calibre de 8. Malgré cette immense infériorité, le combat se soutint avec un égal acharnement de part et d'autre. Aux houras fréquens des Anglais, l'équipage de la *Virginie* répondait par les cris mille fois répétés de *vive la république!*

L'action dura ainsi jusqu'à 3 heures du matin ; alors, soit que l'*Infatigable*, privé de la plus grande partie de ses manœuvres courantes, que les boulets et la mitraille avaient coupées, ne pût orienter les voiles, de manière à maîtriser sa vitesse, ou qu'il fût contraint de plier et de se retirer du feu, il dépassa la frégate. Celle-ci, d'un coup de barre de gouvernail, se lança promptement dans le vent, et, passant à poupe du vaisseau, voulut profiter de sa position avantageuse pour lui tirer son salut, une bordée qui pouvait avoir les résultats les plus décisifs. Malheureusement son mât de hune tombat en ce moment, du côté qu'elle présentait à l'ennemi, et les voiles qu'il portait masquèrent presqu'entièrement la batterie dans leur chute. Le vaisseau ne put recevoir que deux coups de canon, dont un endommagea son gouvernail Cependant, par ce mouvement, il se trouva bientôt placé hors de la portée du canon sous le vent, et il ne paraissait pas manœuvrer pour se rapprocher.

On s'occupait déjà à bord de la *Virginie*, de réparer ses avaries, boucher tous les trous reçus à la flottaison, et réparer des manœuvres, lorsque tout-à-coup elle se trouva assaillie par les deux frégates la *Concorde* et l'*Amazone*. Dès lors, tout espoir de salut fut perdu. Trop maltraitée pour fuir, la *Virginie* ne put opposer à ses nouveaux ennemis qu'une vaine résistance. Elle avait en ce moment 4 pieds d'eau dans le calle; de toute sa mâture, le mât de misaine seul, quoique criblé de boulets et haché, tenait encore debout; la batterie des gaillards était entièrement démontée; une grande partie de l'équipage était hors de combat. Dans cette triste position, le capitaine Bergeret, après avoir consulté ses officiers, MM. Henry, premier lieutenant, Labarde, Linaut, Galloir, lieutenant et enseigne, et Duperré, officier de manœuvre, ainsi que M. Binon, officier d'artillerie, prit le parti de céder à des forces aussi supérieures, et il amena avec douleur un pavillon qu'il avait défendu aussi vaillamment que possible.

Après quelque temps de séjour, comme prisonnier en Angleterre, le capitaine Bergeret avait obtenu la permission d'aller à Paris solliciter d'être échangé avec sir Sidney-Smitt ; mais le directoire ayant refusé d'y consentir, fidèle à sa parole, il vint reprendre ses fers. Lorsque ensuite sir Sidney se fut évadé du temple, le gouvernement anglais renvoya M. Bergeret dans sa patrie, regardant l'échange comme consommé par l'évasion du commodore.

EXPÉDITION D'IRLANDE.

DIVISION DE BREST.

BELLE DÉFENSE DU HOCHE, DE LA BELLONE ET DE LA LOIRE.

(1er Octobre 1799.)

Deux ans s'étaient bientôt écoulés depuis une première expédition sur les côtes d'Irlande, lorsque le directoire en fit tenter une seconde. Deux divisions navales furent équipées, l'une à Rochefort, et l'autre à Brest; mais la lenteur des formes administratives retarda leur armement, et fut cause qu'elles ne partirent pas en même temps.

Nous nous occuperons d'abord de la division de Brest, commandée par le chef de division Bompard. Cette division mit à la voile le 16 septembre 1799; elle était composée d'un vaisseau de ligne de 74, de 8 frégates de 36 et de 44 canons, et d'un aviso, et portait environ 3,000 hommes de débarquement.

La sortie eut lieu le soir, et la division prit le passage du Raz, pour éviter la rencontre des croiseurs ennemis. Le calme rendit ce mouvement long. Le lendemain, à la pointe du jour, les bâtimens français n'étaient encore qu'à 3 ou 4 lieues au large. On découvrit bientôt un vaisseau rasé et une frégate, l'*Anson* et l'*Ethalion*, faisant partie de la croisière ennemie. Malgré la supériorité de forces de la division française, elle ne dut point attaquer ces deux bâtimens, pour ne pas attirer sur elle toute la station anglaise, avertie par le bruit du canon; elle prit chasse devant eux et ils la suivirent. Le surlendemain, une frégate l'*Amélia*, rallia les deux bâtimens ennemis, et après avoir communiqué avec l'*Anson*, elle vira de bord et prit la route de l'Angleterre. C'est sur l'avis donné promptement par cette frégate de la sortie de l'escadre française qu'on expédia une flotte sous le commandement de l'amiral Warren, pour l'attendre aux attérages d'Irlande.

Le commandant Bompard avait fait gouverner au sud-ouest, pour tromper l'ennemi sur sa destination, et pour éviter les nombreux bâtimens anglais qui croisaient vers l'entrée de la Manche. Voyant que les bâtimens anglais viraient de bord et continuaient à suivre et à observer la division, Bompard continua sa route dans la même direction jusqu'au cap Finistère, et pour mieux persuader aux anglais qu'il allait aux Antilles, il résolut de pousser jusqu'aux Açores; mais contrarié par les vents, il se vit forcé de remonter au nord.

Des manœuvres peu décidées, et ce circuit considérable nuisirent beaucoup au succès de l'expédition. Enfin, le 10 octobre, au soir, la division française toujours suivie par les bâtimens anglais, eut connaissance de la côte d'Irlande. Au point du jour, le vent étant N.-N.-O, le commandant laissa arriver avec tous ses bâtimens pour s'approcher de la terre et la reconnaître. A midi, l'*Immortalité* (capitaine Legrand), qui avait chassé en avant, signala une escadre ennemie. Bientôt elle fut en vue de la division et l'on put compter 8 gros bâtimens qui la composaient; c'était celle de l'amiral Warren que l'*Anson* et l'*Ethalion* avaient ralliée et dirigeaient vers la division française. Bompard fit alors signal à toute la division de serrer le vent. Ce mouvement exécuté sans précaution à bord du *Hoche* (que montait le commandant), causa la rupture de son grand mât de hune, qui, dans sa chûte entraîna le mât du petit perroquet, celui de perruche et défonça la grande voile. Cet événement ralentit considérablement sa marche et par conséquent celle de toute la division.

Les ennemis gagnèrent sur elle beaucoup de chemin. A 5 heures, ils se trouvaient dans ses eaux, à environ 2 lieues. La division continua sa marche pour tâcher de gagner dans le vent. Le lendemain, 12 octobre, au point du jour, elle se trouva presqu'entourée par l'escadre anglaise. Le *Hoche* n'était pas encore parvenu à réparer ses avaries; il avait seulement remplacé ses grandes voiles, et il se trouvait dans la nécessité de se présenter au combat sans son grand hunier.

La terre avait été aperçue le matin, en même temps que l'ennemi. Le commandant français se décida à faire un nouvel effort pour tâcher de le joindre, afin de s'y échouer, s'il ne pouvait s'y embosser. En conséquence, il fit le signal de former l'ordre de retraite convenu, accompagné de celui de se préparer à mouiller une grosse ancre.

L'ordre de retraite se forme, les bâtimens sur 2 lignes de front, le *Hoche* occupant le milieu de la seconde ligne ; les bâtimens sont bien ralliés, mais peu alignés, à cause de la difficulté de se maintenir de la sorte vent arrière. La force de l'escadre anglaise était alors parfaitement reconnue, elle se composait de 3 vaisseaux de ligne, le *Canada* de 74 canons, (vaisseau du commodore Warren), le *Foudroyant*, de 80, le *Robust*, de 74; de deux vaisseaux rasés, le *Magnanime* et l'*Anson*, de 3 frégates du premier rang, l'*Amélia*, le *Mélampus* et l'*Ethalion*.

Le vent était au N.-E., et la division française le recevait à tribord. L'escadre ennemie en se plaçant sous le vent, coupait la terre aux bâtimens français, et rendait ainsi impraticable le dessein de Pompard, qui vit que le moment critique était arrivé. Il se présenta au combat avec le plus grand sang-froid.

Vers sept heures, les bâtimens ennemis qui étaient en arrière de la division, l'avaient considérablement approchée, et quelques frégates tirèrent sur eux de leurs canons de retraite, et quelquefois de leur batterie en lançant au vent. Le commandant fit quelque temps après le signal de former une prompte ligne de bataille, sans égard au poste. Cet ordre fut exécuté de manière que presque toutes les frégates furent se placer en avant du *Hoche*; la *Loire* (capitaine Segond), l'*Immortalité* et la *Bellone* (capitaine Jacob), en étaient les plus rapprochées. Tous les efforts des ennemis parurent alors se diriger sur ce vaisseau resté à la queue de la ligne. Bientôt le *Robust*, le *Magnanime* et l'*Amélia* s'engagèrent, le premier vaisseau ayant pris poste par son travers à babord, et le *Magnanime* le canonnant en hanche et en poupe pendant ce temps, les autres bâtimens anglais forçaient de voiles pour venir se joindre à ceux qui se trouvaient déjà engagés. Le *Hoche* résista vaillamment à ses premiers adversaires. Quelques frégates placées en avant du vaisseau, tiraient de temps à autre leurs canons de retraite sur le *Robust*. Toutes, au reste, se tenaient au poste qu'elles avaient pris dans la ligne de bataille, sans faire aucun mouvement pour dégager leur commandant, qui, il est juste de le dire, ne leur fit pas de signal pendant plus de trois heures. Enfin, vers onze heures, Bompard signala à ses bâtimens de serrer l'ennemi au feu. La *Loire* et l'*Immortalité* firent alors des arrivées qui leur permirent de tirer quelques bordées sur l'avant du *Robust*; la *Bellone*, couverte par ces deux frégates, ne put le faire que rarement. C'est alors que le capitaine Segond conçut le projet d'aller aborder ce vaisseau, de concert avec l'*Immortalité*, dont le commandant lui promit de partager les dangers et la gloire de cette entreprise hardie. La *Loire* força de voiles et se porta audacieusement sur le *Robust*; mais comme l'*Immortalité* tardait à la suivre, le capitaine Segond se vit contraint de renoncer à une tentative alors par trop téméraire. Toutefois la belle manœuvre de la *Loire* força le vaisseau ennemi à faire une arrivée pour lui présenter le travers, mouvement dont le *Hoche* eût pu profiter pour enfiler le *Robust* par l'arrière, si, à cette époque, il n'eut pas été déjà presqu'entièrement écrasé; dans cette position, la partie devenait trop inégale, et la *Loire* reprit son poste, après avoir reçu du *Robust* une volée en salut qui lui fit beaucoup de mal.

En ce moment, le reste de l'escadre anglaise s'était approchée, de manière à pouvoir prendre part au combat. Le *Foudroyant* se plaça sur l'avant du *Robust*, pour combattre les frégates voisines du *Hoche*, et contribuer, s'il était nécessaire, à la réduction de ce vaisseau, auquel il envoya quelques volées par intervalle. Le commodore Warren, avec le *Canada*, vint prendre part à l'autre extrémité de la ligne courbe formée par les vaisseaux qui combattaient le *Hoche*, et se mit à le canonner par la hanche de tribord. Les frégates anglaises s'étaient élevées au vent et manœuvraient de manière à couper la retraite à celles de la division française qui tenteraient de s'échapper. Entouré de la sorte, le *Hoche* ne pouvait prolonger long-temps une résistance qui durait déjà depuis quatre heures. A onze heures et demie, Bompard fit amener son pavillon, ayant toutes ses manœuvres dormantes et courantes coupées, ses mâts criblés et près de tomber, 25 pièces de canon démontées, quantité de boulets à la flottaison, et 5 pieds d'eau dans la cale : le carnage avait été effroyable, et le faux pont n'offrait plus de place pour recevoir les blessés. Cette vaillante résistance fit le plus grand honneur au commandant Bompard. L'équipage et les troupes passagères rivalisèrent de courage, de même que les officiers de terre et de mer se distinguèrent à l'envi les uns des autres; parmi ces derniers, on remarqua surtout le capitaine de frégate Maistral, cadet, commandant en second du vaisseau, et digne émule de son chef.

Aussitôt après la reddition du *Hoche*, le capitaine de la Romaine (Bergevin), à qui le commandement venait d'écheoir, fit signal à la division de forcer de voiles. Les frégates françaises se mirent alors à fuir dans différentes directions. (L'aviso la *Biche*, s'était sauvé dès le commencement du combat.) La *Coquille* (capitaine Depéronne), et l'*Embuscade* (capitaine Clément de la Roncière), se trouvèrent dans l'impossibilité de quitter le champ de bataille, et elles se rendirent après une longue résistance.

Pendant que les vaisseaux anglais qui avaient combattu le *Hoche*, s'occupaient d'amariner ce vaisseau, ainsi que la *Coquille* et l'*Embuscade*, le reste de l'escadre ennemie s'efforçait d'empêcher les 6 autres frégates françaises de s'échapper. Le *Foudroyant* leur barrait le chemin à gauche, l'*Amélia*, le *Melampus* et l'*Ethalion*, en arrière et à droite, et l'*Anson* en avant. Cependant cinq d'entre elles parvinrent à s'éloigner, en passant toutefois les uns sous la volée du *Foudroyant*, et les autres sous celle des frégates anglaises. La *Bellone*, dont la marche était inférieure à celle de ces 5 frégates, ne pouvait guère espérer d'échapper comme elles. Le capitaine Jacob, certain du sort qui l'attendait, n'en résolut pas moins d'opposer aux ennemis une résistance, qui, toute vaine qu'elle devait être pour lui, pouvait devenir utile aux frégates qui fuyaient. Il fit d'abord la même route que la *Loire*, la *Romaine* et l'*Immortalité*, mais son défaut de marche sur le largue, l'empêchant de doubler comme elles le *Foudroyant* sur l'avant, il fut obligé de renoncer à les suivre, et de faire serrer le vent à son bâtiment, sous l'allure du plus près.

Le *Foudroyant* avait compté sans doute faire amener la *Bellone* aussitôt qu'il l'aurait jointe, et sans coup férir. Lorsqu'il s'aperçut, au mouvement de cette frégate, qu'elle allait peut-être lui échapper, il dirigea sur elle un feu terrible. Le capitaine Jacob fit riposter vigoureusement, non qu'il eut l'intention de prêter le côté à un si formidable adversaire, mais pour tâcher, en le dégréant, de l'empêcher de poursuivre la *Bellone*; il y réussit en partie, et mit quelques voiles du *Foudroyant* en désordre.

Il allait profiter de cette circonstance pour s'éloigner, lorsqu'un boulet du vaisseau ennemi mit le feu à des grenades déposées dans la hune d'artimon de sa frégate. Le feu se communiqua rapidement, aux cordages et aux voiles, et menaçait le bâtiment d'un embrasement total. On parvint à étouffer l'incendie, mais cet accident fit perdre à la *Bellone* une partie du chemin qu'elle avait gagné à l'ennemi. D'un autre côté, le feu que le *Foudroyant* avait redoublé sur elle, pendant que son équipage était uniquement occupé à l'arracher aux flammes, avait fait à son grément des avaries qui rendaient sa fuite plus difficile. Sa position était d'autant plus critique, dans ce moment, qu'entre le vaisseau de 80 qu'elle avait à combattre par le travers, elle était obligé de tirer ses canons de retraite sur la frégate le *Mélampus* qui l'approchait considérablement, et qui lui envoyait de temps en temps des volées en poupe. Cependant, grâce à l'intrépidité de ses matelots, qui surent réparer ses manœuvres au milieu d'une grêle de boulets, ses voiles se trouvèrent en état d'être orientées, et elle parvint à gagner au large et à terminer ainsi un engagement qui durait déjà trois quarts-d'heure, contre un ennemi si supérieur.

Débarrassé du *Foudroyant*, la *Bellone* avait toujours dans ses eaux le *Mélampus* sur qui depuis long-temps, elle tirait ses canons de retraite. Quoique de cette manière elle ne pût lui opposer que 4 canons, ils furent si bien pointés qu'ils firent à cette frégate des avaries qui l'arrièrèrent et la mirent dans l'impossibilité d'atteindre la *Bellone*. Mais tant d'efforts ne pouvaient sauver la frégate française, et ne devaient avoir d'autre résultat que de retarder sa défaite. Au *Melampus* succéda l'*Ethalion*, l'une des plus fortes frégates de la marine anglaise portant 50 bouches à feu. (La *Bellone* n'en avait que 36.) Ce bâtiment, d'une marche supérieure ne perdit point, comme le *Melampus*, du temps et du chemin à tirer quelques volées à la *Bellone*, il courut dessus, sans brûler une amorce. Le capitaine anglais voulait d'abord engager la frégate française au vent, mais celle-ci portant plus près que l'*Ethalion*, il fut obligé de manœuvrer pour l'attaquer par dessous le vent. Bientôt il parvint à s'établir par le travers de la *Bellone* à portée de fusil : il était environ deux heures. Alors commença un combat terrible et soutenu avec une vigueur que la disproportion de force des deux frégates rendit d'autant plus honorable pour les défenseurs du pavillon français. Il dura deux heures, avec un acharnement égal de part et d'autre ; mais enfin à quatre heures, le capitaine Jacob se vit dans la cruelle nécessité d'amener. Les avaries de sa frégate étaient telles, dans ce moment, que lors même qu'il fût parvenu à se faire abandonner par l'*Ethalion*, il eût été infailliblement pris une demi-heure après par les autres bâtimens qui le chassait, et qui n'étaient plus qu'à une demi-lieue de lui. Dans ce triste état, une résistance plus prolongée devenait sans objet. La *Bellone* avait 35 hommes hors de combat, tous ses mâts criblés de boulets et ne tenant plus, quantité de coups au-dessous de la flotaison, et déjà 5 pieds d'eau dans la cale. Tout le monde, à bord de la *Bellone*, imitant l'exemple du brave Jacob, se battit avec ce courage héroïque par lequel les officiers et matelots républicains surent si souvent honorer leurs défaites.

Le but du capitaine Jacob fut atteint; et son opiniâtre résistance, lorsque la prise de son bâtiment était inévitable, favorisa, dans le premier moment, la fuite des cinq frégates qui avaient quitté le champ de bataille en même temps que lui, mais qu'il n'avait pu suivre.

Dans la nuit, le *Melampus*, l'une des frégates qui avaient combattu la *Bellone*, atteignit deux frégates françaises, la *Résolue* et l'*Immortalité*. Elle s'attacha à la première, comme la plus faible, elle s'en empara après un combat de 25 minutes; le mauvais état de la *Résolue* ne lui permettait pas d'opposer une résistance bien vigoureuse, depuis plusieurs jours elle menaçait de couler bas. Le commandant de l'*Immortalité* persuadé que le *Melampus* n'était pas le seul bâtiment ennemis qui lui appuyait la chasse, parvint à s'enfuir sans défendre sa conserve. Au reste le parti que prit le capitaine Legrand, n'empêcha pas sa frégate d'être prise quelques jours après. Elle eut mieux fait à tout risque d'écraser le *Mélampus*, de concert avec la *Résolue*; c'eût été autant de mal de fait à l'ennemi, qui aurait payé plus cher sa victoire.

Nous avons fait connaître la part honorable que prit la frégate la *Loire* au combat dans lequel succomba le *Hoche*, et la manœuvre hardie par laquelle le capitaine Segond essaya de secourir son commandant : nous allons maintenant montrer cet habile et vaillant officier achevant de se couvrir de gloire dans quatre combats livrés dans l'espace de quelques jours.

La *Loire* était une des frégates qui durent passer sous la volée du vaisseau de 80 canons le *Foudroyant*. Le feu qu'il dirigea sur elle lui fit beaucoup de mal; mais la supériorité de sa marche l'eut bientôt dérobée aux coups de ce terrible ennemi. La position de l'*Anson* ne permettait guère aux frégates qui venaient d'échapper au *Foudroyant* de continuer la route qu'elles avaient prise, sans en venir aux mains avec lui; mais leur nombre les mettait à même de forcer le passage et d'écraser ce vaisseau rasé, avant l'arrivée des autres bâtimens ennemis, que la belle résistance de la *Bellone* avait retenus en arrière. Le capitaine Segond crut que c'était là l'intention de ses camarades, et il fit diminuer de voile à sa frégate, qui marchait mieux que les autres et les devançait, pour les attendre et engager avec l'*Anson* toutes ensemble. A son grand étonnement, il vit ces frégates changer de route et se séparer. L'*Anson* avait tellement approché la *Loire* dans ce moment, qu'il lui était impossible, quelque manœuvre qu'elle entreprît de faire, d'en recevoir le feu. Dans cette circonstance, Segond ne vit d'autre ressource que de chercher à tromper le vaisseau par une ruse, à la faveur de laquelle il espérait, ou qu'on le laisserait passer sans l'inquiéter nullement, ou bien qu'on lui donnerait le temps de s'éloigner assez pour avoir moins à redouter l'effet des coups qui lui seraient tirés. En conséquence, il fit changer de route et tenir le vent à sa frégate; il hissa en même temps un pavillon anglais au-dessus du pavillon de la république, pour faire croire que son bâtiment était une prise qui venait d'être amarinée. Cette ruse réussit parfaitement, et le vaisseau ennemi se laissa croiser à portée de voix par la *Loire* sans brûler une amorce. Cependant, lorsque le capitaine anglais, qui avait demandé à parler à l'officier commandant cette prétendue prise, vit que la frégate ne diminuait pas de voiles, il lui tira un coup de canon, qui mit plusieurs hommes hors de combat. A l'instant le pavillon national et la flamme remplacèrent ceux qu'avait arborés la *Loire*, et on lâcha une bordée à l'*Anson*. Celui-ci riposta par une bordée tirée en salut, qui fit un mal effroyable à la frégate française; elle fut désemparée de plusieurs voiles à la fois, et les houras de l'équipage anglais marquèrent sa joie d'un accident qui semblait lui promettre une capture certaine. Le premier soin du capitaine Segond fut de faire réparer les manœuvres qu'on venait de lui couper; ses matelots exécutèrent cette opération périlleuse avec une bravoure et un sang froid admirable. La *Loire* pendant ce temps, canonnait vigoureusement son adversaire; elle hachait son gréement et coupait ses manœuvres courantes les plus essentielles. Lorsqu'elle eut réparé le premier dommage qu'elle venait d'éprouver, elle rehissa les voiles dont on l'avait désemparée, et se mit à tenir le plus près du vent. L'*Anson* voulut serrer le vent comme elle; mais ses manœuvres n'ayant pas été reparées aussi promptement, plusieurs de ses voiles furent déventées, le vent même prit sur quelques unes, et il coula considérablement. La frégate française profita de ce moment pour le couper sur l'avant; elle lui lâcha une bordée d'enfilade, se couvrit de voiles et lui échappa.

Le lendemain 13, à la pointe du jour, la *Loire* eut connaissance d'un bâtiment, elle s'en approcha, et l'ayant reconnu pour la frégate la *Sémillante* (capitaine Lacouture), Segond se rangea sous les ordres de son commandant. Ne perdant pas de vue le premier objet de sa mission, il proposa à cet officier d'aller débarquer sur la côte voisine les troupes que portaient les deux frégates, l'apparition de 3 bâtimens ennemis s'opposa à l'exécution de ce dessein. La *Loire* et la *Sémillante* naviguèrent encore de conserve, le 14 et une partie de la journée du 15, ayant presque toujours des bâtimens de guerre ennemis en vue.

Ce dernier jour ils essuyèrent une chasse dans laquelle le gréement de la *Loire*, mis en pièces dans les deux combats qu'elle avait soutenus et réparé à la hâte, cassait à chaque instant. Ces avaries retardaient la marche des deux frégates, et les ennemis les approchaient considérablement. Lorsqu'ils ne furent plus qu'à une portée et demie de canon, le capitaine de la *Sémillante*, dont la frégate était en batterie et ne devait courir aucun risque d'être jointe aussitôt qu'elle ne réglerait plus sa marche sur la *Loire*, fit à cette frégate le signal de liberté de manœuvre et l'abandonna.

De fausses routes que fit la *Loire* pendant la nuit l'écartèrent de l'ennemi, et, le 16 au matin, elle n'aperçut plus aucun bâtiment. Cependant la matinée ne se passa pas sans qu'elle eût de nouveau connaissance de deux des trois navires qui l'avaient chassée la veille (le *Mermaid*, frégate de sa force, et le *Kangaroo*, corvette portant 20 caronnades de 32).

Elle prit chasse devant eux, et ils la gagnaient peu ; mais, dans l'après midi le troisième bâtiment ennemi (la frégate le *Révolutionnaire*) reparut, et dans une direction qui le mettait à même de gêner la retraite de la *Loire*. Pour comble de disgrâce, la frégate française démâta presque à la fois de ses deux mâts de perroquet. Privée ainsi d'une partie de ses voiles, elle devint plus facile à atteindre. A quatre heures et demie elle fut jointe par le *Kangaroo*. Cette corvette commença le feu à demi-portée de canon. Le capitaine Segond, pour mieux assurer son coup, se décida à ne tirer que quand l'ennemi serait à portée de fusil. Le *Kangaroo*, qui vit qu'on ne lui ripostait pas, crut que la *Loire* ne pouvait pas établir de canons en retraite, comme il arrive à quelques frégates ; il s'approcha avec confiance, dans l'intention de lui envoyer une bordée en poupe. Lorsque le capitaine Segond vit la corvette à la distance qu'il souhaitait, il fit une arrivée pour lui présenter le travers, et lui lâcha toute sa bordée. L'un des mâts de hune du *Kangaroo* tomba, et cette avarie l'empêchait de suivre la *Loire* ; Segond en profita pour s'éloigner, ne voulant pas, en achevant d'écraser la corvette ennemie, donner aux autres bâtimens le temps de rallier. Ils approchèrent cependant, et l'un d'eux n'était plus qu'à une portée et demie de la frégate française ; mais la nuit ne tarda pas à arriver, et la *Loire*, à la faveur de l'obscurité, fit fausse route, mettant le temps à profit pour réparer son gréement et donner un peu de repos à son équipage, afin qu'il fût en état de combattre le lendemain.

Le 17, aussitôt qu'il commença à faire clair, on revit la *Mermaid* ; elle se couvrit de voile et se dirigea sur la *Loire*. Celle-ci, qui n'avait plus de mâts de perroquet, était réduite à ses basses voiles et à ses huniers ; elle ne pouvait espérer de s'échapper. Segond se prépara au combat et fit clouer le pavillon national au mât d'artimon. Il harangua son équipage, rappella aux marins et aux soldats leur brillante conduite dans les trois affaires précédentes, et leur témoigna la confiance de les voir triompher sans peine d'une frégate dont la force n'était pas supérieure à celle de la *Loire*. Toutes ses dispositions prises, il établit sa frégate au plus près du vent, et fit carguer la grande voile pour atteindre l'ennemi. Cette contenance ferme dut donner aux Anglais une idée de la résistance qu'ils allaient éprouver, et ce qui ajouta sans doute à leur étonnement, fut qu'on les laissa approcher sans tirer un seul coup de canon. Segond savait que chez eux c'est une espèce de point d'honneur de ne pas tirer les premiers, il résolut de ne faire feu que lorsque son adversaire se jugerait lui-même assez proche. Il était près de huit heures.

La *Mermaid* avait cargué ses basses voiles et s'avançait sous une voilure commode pour le combat. Parvenue à portée de pistolet, elle vint au vent pour prendre position et présenter le travers à la *Loire*. Celle-ci, profitant de ce moment, lui lâcha toute sa bordée, accompagnée d'une décharge de mousqueterie.

La *Mermaid* riposta vivement ; mais, au lieu de demeurer par le travers de la frégate française, elle voulut profiter de l'avantage que lui donnait le bon état de sa mâture et de ses voiles, pour la contourner et tâcher de l'enfiler, soit par l'avant, soit par l'arrière. Excellent manœuvrier lui-même, Segond rendit vaines toutes les tentatives du capitaine anglais, et le força à reprendre sa première position. Les deux frégates se canonnèrent alors avec le plus grand acharnement ; mais, comme la *Mermaid* s'était replacée un peu plus au large, l'avantage n'était pas pour les canonniers de la *Loire*, qui par trop de précipitation probablement, n'ajustait pas aussi bien que les Anglais. Au bout de quelques heures, la *Loire* avait perdu ses trois mâts de hune, et ne conservait plus que ses deux basses voiles, tandis que la frégate ennemie n'avait pas le plus petit morceau de bois coupé. Le capitaine français résolut alors de tenter à son tour une manœuvre qui put changer la face du combat ;

il fit cesser le feu partout, donna l'ordre de mettre deux boulets ronds dans chaque canon, et de réserver la bordée pour le moment où il jugerait à propos de l'envoyer. Lorsque toutes les pièces sont chargées comme il l'a ordonné, il fait mettre la barre au vent et donne une grande arrivée, pour persuader à son ennemi qu'il ne peut plus soutenir son feu. Celui-ci, trompé par ce mouvement, laisse arriver à son tour, afin de suivre la *Loire* et de lui envoyer une bordée qu'il regarda comme devant mettre fin au combat; mais tout-à-coup Segond lance sa frégate dans le vent, et, par cette évolution, fait croire à l'Anglais qu'il veut l'aborder. La *Mermaid*, qui redoute d'autant plus l'abordage qu'elle sait que la *Loire* est chargée de troupes, revient au vent elle-même avec promptitude et perd presque toute sa vitesse. Segond, qui, dans ces différentes manœuvres, a l'avantage de primer son ennemi, vient le ranger à poupe et lui lâcher la double bordée qu'il a réservée. L'effet en est terrible; le mât d'artimon et le grand mât de hune de la *Mermaid* tombent en même temps, et les cris de l'équipage anglais annoncent le carnage qui vient d'avoir lieu. Pendant quelques minutes, on semble avoir perdu la tête à bord de cette frégate, et, Segond lui hèle d'amener ce qui lui reste de voiles; mais la position de ces voiles sur l'avant, et la perte de celles de l'arrière, la font arriver toute seule ; elle reprend de la vitesse et s'éloigne d'autant plus facilement de la *Loire*, que les voiles hautes qu'elle conserve au mât de misaine sont plus favorables par le faible vent qui règne, que les basses voiles de la frégate française. L'équipage anglais revient alors de sa stupeur, et profite de cette circonstance heureuse pour fuir et abandonner la victoire aux républicains. En vain Segond qui, désespéré d'atteindre la *Mermaid* dans sa fuite, dirige sur elle un feu bien nourri, pour tâcher de la désemparer de quelqu'une de ses voiles, il n'a pas le bonheur d'y réussir, et elle lui échappe.

Ce beau combat était le quatrième que la *Loire* avait eu à soutenir, depuis cinq jours, et quoiqu'elle fût sortie avec gloire de toutes ces affaires, elle était réduite à l'état le plus déplorable. Elle ne possédait plus que ses deux basses voile en lambeaux, et il était impossible d'en établir d'autres. Il n'y avait plus à bord ni bois, ni cordages, pour essayer d'installer des mâts supérieur ; les bas mâts eux-mêmes, criblés de boulets, menaçaient de tomber. Tout ce que le capitaine put faire pour réparer sa frégate, fut de boucher le mieux possible les trous des boulets reçus à la flottaison, de jumeller ses bas mâts et de bosser les ralingues de ses basses voiles qui étaient coupées en plusieurs endroits. Dans cette triste situation, c'eût été un miracle que la *Loire* pût atteindre un port de France.

Pendant la nuit du 17 au 18, elle n'eut connaissance d'aucun ennemi; mais à peine le jour commença-t-il à paraître, qu'il découvrit deux bâtimens qui la chassèrent aussitôt. A neuf heures, ils furent reconnus pour le vaisseau rasé l'Anson et la corvette le *Kangaroo*. Tout espoir de leur échapper eût été vain, il n'y avait plus à combattre que pour l'honneur du pavillon : Segond et son équipage se disposèrent à l'honorer par une vigoureuse résistance. A neuf heures et demie, le vaisseau rasé, parvenu à demi-portée de canon de la *Loire*, n'avait pas encore commencé le feu; il continuait sa route, toutes voiles dehors, pour s'en approcher davantage. Lorsqu'il fut tout-à-fait proche, le capitaine de la *Loire* la lança tout d'un coup au vent, comme s'il eût voulu aborder le vaisseau par l'avant, et profiter de ce moment pour lui envoyer une bordée d'enfilade; l'Anson se masque d'une partie de ses voiles pour éviter l'abordage, et cette manœuvre permit à la frégate française de lui lâcher, dans une position avantageuse, deux autres bordées, qui eussent été très-meurtrières, si la mer avait été moins grosse.

Le vaisseau remit bientôt le vent dans ses voiles, et vint engager la *Loire* à portée de pistolets par le travers au vent, pendant que la corvette la combattait en poupe. Le combat dura une heure dans cette position, et l'équipage français y déploya une bravoure au-dessus de tout éloge.

Enfin le grand mât et mât d'artimon de la frégate ayant été abattus, et le mât de misaine ne tenant plus à rien, le commandant du vaisseau anglais cria au capitaine Segond qu'il était inouï qu'il persistât encore à se défendre dans une pareille situation, et qu'il avait assez combattu pour sa gloire. Sur le refus que fit celui-ci de se rendre, le combat continua encore un quart d'heure; mais le vaisseau ennemi ne pointa plus qu'à couler bas. Bientôt l'eau remplit la cale de la *Loire*; lorsqu'il y en eut 6 pieds, et que le capitaine Segond crut d'ailleurs sa frégate dans un délabrement tel qu'il paraissait douteux qu'elle pût servir aux ennemis, il amena son pavillon.

Quoique le résultat des efforts héroïques des défenseurs de la *Loire*, pendant six jours de glorieuses défenses, ait été la perte d'une frégate pour la république, eux et leurs concitoyens n'ont pas moins le droit de s'en enorgueillir : de pareilles défaites égalent des succès. Cette serie non interompue de combats coûta la vie à 46 marins ou soldats; 71 furent blessées. Il n'y eut pas un homme à bord de la *Loire* qui ne se montrât animé du même courage que le capitaine Segond, qui fut surtout dignement secondé par ses officiers, parmi lesquels nous nous bornerons à citer MM. Mattet et Drouault.

Après s'être séparée de la frégate la *Résolue*, l'*Immortalité* avait été quelques jours sans rencontrer de bâtimens ennemis. Enfin, le 20 octobre, elle fut chassée et jointe par la frégate anglaise le *Sish-Guard*. Le combat s'engagea à portée de pistolets : la supériorité de calibre de la frégate française et la vivacité du feu de mousqueterie fait par les troupes dont elle était chargée lui donnèrent d'abord le plus grand avantage sur son adversaire. Au bout d'une demi-heure le *Fish-Guard* écrasé, fut obligé de plier et de se retirer au large, pour réparer ses avaries. Le capitaine Legrand voulut profiter de cette circonstance pour se porter sur la frégate ennemie, afin d'achever de l'accabler par une bordée tirée à bout touchant, et même de l'aborder, s'il était possible. Au moment où il exécutait cette manœuvre décisive, il fut tué, ainsi que le général Ménage. La mort de ces deux chefs jeta quelque découragement parmi l'équipage et les troupes passagères, et le mouvement qui devait faire triompher les Français ne fut point achevé. A l'hésitation subite dans la manœuvre, au ralentissement du feu à bord de l'*Immortalité*, le capitaine du *Fish-Guard* soupçonna quelque événement extraordinaire ; il ranima l'ardeur abattue de ses marins, qui n'aspiraient qu'à se dérober à un ennemi dont le premier choc avait été si terrible; il revint à la charge avec résolution, écrasa à son tour la frégate française et finit par s'en rendre maître.

La prise de l'*Immortalité* fut le dernier des événemens malheureux arrivés à la division Bompard.

DIVISION DE ROCHEFORT.

Le commandement de la division de Rochefort fut confié au capitaine Savary, officier qui n'avait cessé de donner les plus grandes preuves d'habileté et de bravoure dans le cours de la guerre de 1778, et depuis le commencement de celle de la révolution, notamment au combat, du 14 mars 1795, où, sur son vaisseau la *Victoire*, il fit des prodiges de valeur et combattit seul une partie de l'armée anglaise. On la composa de trois frégate et une corvette, portant 1150 officiers et soldats et des munitions de guerre destinées aux Irlandais.

Le 6 août 1799, la division Savary appareilla de la rade de l'île d'Aix. Sa traversée se fit sans événement remarquable. Le 21, on découvrit la terre; mais les vents contraires n'ayant pas permis de la gagner le jour même, le lendemain, la division, après avoir lutté 12 heures contre les vents et les courans, vint mouiller à 3 heures après-midi dans la baie de Killala, située dans le golfe de Sligo, et le débarquement fut opéré. L'armée de terre n'étant point de notre ressort, nous ne la suivrons pas dans les beaux faits d'armes qui signalèrent dans son début, sa déscente en Irlande. A dix heures du soir, tous les attirails et munitions ayant été mis à terre, le chef de division Savary se disposa à repartir avec ses bâtimens. Le lendemain matin, il les fit mettre à la voile et se dirigea vers Rochefort où il rentra après une traversée aussi heureuse que la première.

Avant que les désastres essuyés par la division de Brest furent connus en France, le gouvernement expédia de nouveau le commandant Savary avec quelques troupes pour l'Irlande. Il partit de Rochefort, le 12 octobre, le jour même où Bompard était attaqué par Warren, et se dirigea encore vers la baie Killala où sans avoir été inquiété pendant la traversée, il pénétra avec autant de bonheur que la première fois. Mais les avis qu'il reçut de la défaite de Bompard le déterminèrent à repartir le même soir de son arrivée sans tenter un nouveau débarquement. Le lendemain, à 6 heures du matin, on découvrit une portion de l'escadre du commodore Warren, composée de 3 vaisseaux de ligne et une frégate. Ces bâtimens chassèrent la division française aussitôt qu'ils l'aperçurent. Comme elle n'était pas encore sortie du golfe de Sligo, qu'il fallait louvoyer pour en sortir, et que les ennemis avaient l'avantage du vent, sa position était très-critique, et il semblait ne lui rester que l'alternative d'être pris ou de se jeter à la côte. Savary manœuvra de manière à faire durer la chasse toute la journée, et pouvoir attendre à la nuit pour prendre un parti. Celui auquel il s'arrêta fut de payer d'audace, de revirer sur l'ennemi au moment où il y compterait le moins, et de lui gagner le vent par cette manœuvre aussi hardie qu'imprévue. Aussitôt qu'il fit obscur, et avant que la lune se levât, la division, formée en ligne très-serrée, vira de bord; les bâtimens ennemis, qui venaient toutes voiles dehors, ne s'en aperçurent pas. Bientôt la frégate du commandant Savary, qui s'avança la première, se trouva à portée de pistolet du premier vaisseau anglais, et dès que ses canonniers purent le découvrir, elle fit tirer dessus. Ce vaisseau ne s'y attendait pas, sans doute, car, au tumulte des voix, il fut facile de juger que les matelots n'étaient pas à leur poste aux batteries. Tous les bâtimens de la division eurent le temps de défiler à contre-bord, et de lui envoyer chacun deux bordées avant qu'il fût prêt à riposter; il ne tira que quelque coups sur la frégate serre-file: ceux qu'il reçut lui firent beaucoup de mal, et l'on vit tomber son petit mât de hune et sa vergue d'artimon. Il ventait bon frais: avant que les autres vaisseaux, obligés de se débarrasser d'une partie de leurs voiles pour se remettre au plus près, fussent parvenus à s'y établir, la division française leur gagna le vent, et continuant de couvrir son bord avec toutes les voiles que le temps permettait de porter, elle perdit bientôt l'ennemi de vue. Le commandant Savary espérait en être débarrassé; mais, dans la nuit, il fut joint par les deux derniers vaisseaux anglais (le premier était hors d'état de chasser). Ce qui retardait la fuite de la division était le défaut de marche de la corvette, qu'il avait presque toujours fallu remorquer; on lui signala de prendre une route différente, ce qu'elle fit sans être inquiétée. La division alors peut forcer de voiles, et rendre vains les efforts des chasseurs, qui furent contraints à l'abandonner. Savary, 22 jours après son départ de Rochefort, y rentra avec tous ses bâtimens, trompant ainsi pour la quatrième fois la vigilance de la station anglaise qui bloquait ce port.

COMBAT
DE LA FRÉGATE LA SEINE,
CONTRE
TROIS FRÉGATES ANGLAISES.

(NUIT DU 29 AU 30 JUIN 1799.)

La frégate la *Seine*, l'une de celles qui composaient, dans la mer des Indes, la petite escadre de l'amiral Sercey, était partie de l'Ile de France, chargée d'une grande partie des soldats des 107e et 108e régimens, expulsés par l'assemblée coloniale, et de plusieurs autres déportés; ce qui, joint à son équipage, formait 610 hommes à bord. Cette frégate avait fait une heureuse traversée jusqu'aux attérages de France. Le 29 janvier 1799, à la pointe du jour, les vigies découvrirent la terre, qui fut bientôt reconnue pour la côte de Bretagne, aux environs de Lorient. Peu de temps après, on aperçut trois grands bâtimens qui s'avançaient couverts de voiles sur la frégate. Malgré tous les efforts que la *Seine* fit pour s'en éloigner, ils furent, au bout de quelques heures, assez près pour qu'on pût distinguer leurs signaux, et les reconnaître pour une division ennemie; c'était celle du commodore Sirling, composée des frégates le *Jason*, la *Pique* et la *Mermaid*.

Le lieutenant de vaisseau Bigot, commandant de la *Seine*, voyant que par leur position, les bâtimens anglais pouvaient lui couper la route et l'empêcher de gagner le port de Lorient, se décida à laisser arriver par Rochefort, et prit chasse, en se dirigeant au sud-sud-est, pour tâcher d'atteindre le pertuis breton.

La chasse dura toute la journée. Des 3 frégates qui la poursuivaient, 2 seulement avaient quelque avantage de marche sur la *Seine*; cependant le capitaine Bigot ne désespérait pas d'embouquer le portuis, avant la nuit close. Arrivé à la hauteur de l'Ile-Dieu, il vit une autre division ennemie mouillée entre elle et la côte, et composée d'un vaisseau rasé et de deux frégates, sous les ordres du commodore Stoppford, appareiller pour lui couper la terre. Cette circonstance l'obligea à tenir le large, et il prolongea la chasse; enfin, sur le soir, il fut joint par l'un des bâtimens ennemis, le *Jason*. Cette frégate envoya d'abord à la *Seine* quelques volées sans effet; ce ne fut que vers 10 heures, que l'action s'engagea sérieusement. Le commencement du combat fut favorable à la frégate française; elle mit un moment le feu à bord du *Jason*, qui fut obligé de céder sa place à la *Pique*. Celle-ci, foudroyée par le feu de la *Seine*, éprouva en peu d'instans de grands dommages, et, dès la seconde bordée, son grand mât de hune tomba; ce qui la contraignit à se retirer. Le *Jason*, qui avait éteint l'incendie causé par le feu de la frégate française, et dont l'équipage avait repris haleine, se présenta une seconde fois pour combattre la *Seine*, il en fut reçu aussi vigoureusement que la première, et bientôt la valeur républicaine eût décidé de son sort, si la *Pique* ne fut venue à son tour le soutenir.

Attaquée vigoureusement par deux frégates de même force qu'elle, la *Seine* ne pouvait espérer de leur échapper qu'en se jetant à la côte. Tout dangereux que fût ce parti, c'est celui auquel s'arrêta le capitaine Bigot, surtout quand il vit la *Mermaid* s'approcher pour prendre part à un combat déjà si inégal. Il espérait, en échouant, non-seulement empêcher son équipage de tomber au pouvoir de l'ennemi, mais encore faire échouer les frégates anglaises, si elles s'acharnaient à le poursuivre : il comptait qu'alors le feu des forts contribuerait avec le sien, à en contraindre quelqu'une à se rendre. Il dirigea donc sa route en conséquence ; et, toujours combattant, il vint prendre terre sur les côtes de la Vendée, près d'un lieu nommé le Grouin de la Tranche, le 30, vers une heure et demie du matin.

La frégate la *Pique*, qui suivait la *Seine*, à portée de pistolet, s'échoua presqu'aussitôt qu'elle ; le *Jason* ne tarda pas à s'échouer de même ; et le *Mermaid*, qui, voyant les trois bâtimens continuer leur feu, ne soupçonnait pas qu'ils fussent à la côte, s'échoua aussi.

Dans cette position, le combat ne cessa pas, et la terre voisine n'offrant aucun fort qui pût protéger la *Seine*, son sort n'avait point changé. Pour achever de l'accabler, la division anglaise partit de l'Isle-Dieu, vint la canonner ; mais la crainte d'échouer aussi faisant tenir ses bâtimens au large, leur feu ne fut ni vif ni long. Celui de la *Seine* ne diminua qu'à mesure que ses pièces furent démontées, et il ne cessa tout-à-fait que lorsqu'il ne restait plus que 3 canons seuls en état de servir. Il était trois heures ; déjà la *Pique*, entièrement écrasée, ne tirait plus. La frégate française, démâtée de tous mâts, avait neuf pieds d'eau dans la câle ; toutes ses poudres étaient submergées, la moitié de son monde était hors de combat : il fallait céder, et le capitaine Bigot se rendit au *Jason*, pour conserver la vie au reste de son équipage, qu'il n'avait pas les moyens de sauver à terre.

Au jour, la division Stopford se porta au secours des 4 frégates échouées. La *Mermaid* s'était relevée seule; mais ce ne fut qu'avec une extrême difficulté qu'on parvint à relever le *Jason*. Quant à la *Pique*, on fut obligé d'y mettre le feu, et son équipage passa sur la *Seine*. Le désir seul d'emmener à Plymouth un trophée de leur victoire, a pu empêcher les Anglais de brûler également cette frégate : pour la remettre à flot, il fallut jeter tous ses canons à la mer, et elle était si criblée de boulets à fleur d'eau, qu'elle menaça de couler à fond pendant tout le trajet. Le *Jason* était aussi dans un piteux état; il n'avait pas un mât, ni une vergue, qui ne fussent endommagés; toutes ses manœuvres courantes et dormantes étaient hâchées, et toutes ses voiles étaient en lambeaux.

Toute l'attention des Anglais s'était portée sur les travaux nécessaires pour remettre à flot leurs bâtimens, et surtout la prise; les Français blessés demeurèrent sans secours depuis la fin du combat jusque vers le soir, malgré les vives représentations de l'officier de santé de la *Seine*. Enfin, avant la nuit, on les débarqua près du village de la Tranche, ainsi que le reste de l'équipage ; les capteurs n'ayant voulu garder que le capitaine français, quelques officiers de marine et d'infanterie, ainsi qu'un petit nombre de marins et de soldats, pour constater la prise.

Le capitaine Bigot conduit en Angleterre, y fut traité avec tous les égards dûs au courage malheureux. On fit même graver à Londres une estampe représentant la *Seine* aux prises avec le *Jason* et la *Pique*, et la lettre de cette gravure se terminait ainsi : « Les trois » bâtimens échouèrent sur les côtes de France, » vers minuit. La *Seine* se défendant toujours » avec une intrépidité inouïe, ne se rendit, » que lorsqu'elle fut totalement démâtée, et » après avoir eu près de la moitié de son » équipage et des soldats passagers tués ou » blessés. » Par une marque d'estime particulière, le gouvernement britannique consentit à comprendre le capitaine Bigot, dans le premier échange qui aurait lieu, et au bout de quelques mois, il eut la satifaction de rentrer dans sa patrie et d'y recevoir les récompenses dûes à sa brillante défense du pavillon national. De lieutenant de vaisseau, le brave Bigot fut élevé au rang de capitaine de vaisseau, et le ministre de l'intérieur lui écrivit qu'il avait bien mérité de la patrie, en lui adressant les annales glorieuses dans lesquelles sa mémorable action avait été justement consignée.

Deux mois environ après le combat que nous venons de raconter, la frégate anglaise le *Jason* se perdit sur des rochers au large de Brest, et tout son équipage fut fait prisonnier. Si les avaries qu'elle reçut alors contribuèrent à la mettre hors d'état de résister à la tempête qui la jeta ensuite à la côte, on peut dire que la *Seine*, par sa résistance opiniâtre, causa la perte de deux frégates ennemies, et que l'avantage matériel du combat, aussi bien que la gloire, est demeuré aux français.

PRISE A L'ABORDAGE

DE LA FRÉGATE ANGLAISE

L'AMBUSCADE,

PAR LA CORVETTE FRANÇAISE

LA BAYONNAISE.

(LE 14 DÉCEMBRE 1799.)

Trop souvent réduits à ne raconter que des revers éprouvés par l'armée navale française, c'est avec une vive satisfaction que nous traçons le récit du fait d'armes le plus brillant de toutes les guerres maritimes de la Révolution; la prise d'une frégate anglaise par une simple corvette de la République, prouve ce que l'on pouvait attendre de la bravoure et du patriotisme des matelos français, si l'on eût su tirer un meilleur parti de ces deux nobles sentimens, sources fécondes des plus étonnans exploits.

La corvette la *Bayonnaise*, de 20 canons de 8, commandée par le lieutenant de vaisseau

Edmond Richer, faisait son retour de Cayenne, où elle avait été expédiée par le gouvernement. Le 14 décembre 1799, n'étant plus qu'à une trentaine de lieues des côtes de France, elle fut aperçue et chassée par la frégate anglaise l'*Ambuscade*, portant 42 bouches à feu de 6, 18 et 24. Après avoir fait de vains efforts pour se dérober à un ennemi aussi supérieur, elle en fut jointe, et le combat commença à petite portée. Malgré la grande disproportion des forces qui existait entre les deux bâtimens, l'action dura trois heures, sans qu'aucun des deux obtînt un avantage marqué par son adversaire. Pour décider l'affaire, la frégate ennemie força de voiles et se rapprocha jusqu'à portée de pistolet de la *Bayonnaise*, qu'elle chercha à tourner tantôt par l'avant, tantôt par l'arrière. Un détachement de soldats qui repassait de Cayenne en France, incommodait beaucoup l'*Ambuscade* par un feu très-vif de mousqueterie; mais la supériorité de son artillerie se faisant mieux sentir depuis qu'elle s'était approchée, il devenait impossible, à bord de la *Bayonnaise*, de soutenir plus long-temps une lutte si terrible : il fallait ou succomber ou terminer un combat trop inégal, par un de ces coups hardis tentés aujourd'hui trop rarement, et qui couvrirent de gloire les marins du siècle de Louis XIV.

Tout l'équipage français est pénétré de cette

nécessité, et bientôt la corvette retentit du cri : *à l'abordage! à l'abordage!* Richer hésite un moment; mais enfin il adresse ces paroles aux marins et aux soldats irrités de son hésitation : « *Mes amis, je compte assez* » *sur votre bravoure et sur votre attache-* » *ment à la patrie, pour me rendre à vos* » *désirs!* » Elles sont couvertes des plus vives acclamations, et chacun se jette sur les hâches, sabres, pistolets, piques, etc., toujours préparés, lors du branlebas, par les hommes désignés par le rôle du combat, à monter à l'abordage. Ici, le rôle est inutile, tout l'équipage se dispute ces armes, et se montre jaloux de sauter à bord de la frégate ennemie. Cependant Richer lance sa corvette contre elle, et, malgré les efforts du capitaine anglais pour éviter l'abordage, les deux bâtimens se heurtent. Le choc ébranle la mâture déjà criblée de la *Bayonnaise*, et son mât de misaine tombe sur le gaillard d'arrière de l'*Ambuscade*: c'est un pont qui s'offre aux braves Français pour passer à bord du bâtiment ennemi. Ils s'y élancent, et le franchissent, malgré une grêle de balles de fusil et de pistolet qu'on fait pleuvoir sur eux.

Ils atteignent le bord; là une haie de piques leur barre l'entrée de la frégate; mais rien ne peut arrêter l'ardeur des républicains; ce nouvel obstacle cède à leur intrépidité, et, dans un instant, ils sont maîtres du gaillard d'arrière de l'*Ambuscade*, baigné du sang et couvert des cadavres de ses plus braves défenseurs. Chassés de ce poste important, les Anglais se retranchèrent sur les passavans et sur le gaillard d'avant. De là ils recommencent sur les Français une vive fusillade; ceux-ci font les plus vaillans efforts afin de pénétrer dans ce dernier retranchement et de renouveler un combat corps à corps, si avantageux à leur impétuosité nationale. Pour y arriver, deux passages très-étroits se présentent seuls; mais ils sont barricadés et défendus avec toute la bravoure que peut inspirer le désespoir; plusieurs tentatives pour les forcer, sont infructueuses, et pendant près d'une demi-heure, les assaillans sont alternativement repoussés et reviennent à la charge avec une fureur nouvelle; le carnage est terrible. Enfin, la valeur française triomphe, le gaillard est remporté aux cris de vive la République! et les Anglais mettent bas les armes. Aux acclamations des vainqueurs répondaient celles de leurs camarades demeurés sur la *Bayonnaise*, et l'enthousiasme est à son comble, en voyant sur la frégate conquise, le pavillon national s'élever et se déployer majestueusement dans les airs.

Au nombre des braves qui se signalèrent le plus dans l'abordage, furent Ledanseur, enseigne de vaisseau, et Lerch, chef de bataillon d'infanterie. Destitués par l'agent du Directoire à la Cayenne, et revenant en France comme passagers, la conformité de leur sort avait établi une liaison intime entre ces deux officiers, et ils avaient résolu de reconquérir leurs grades par quelque action d'éclat, si l'occasion se présentait de combattre pendant la traversée. Pour mieux réussir dans leur dessein et se faire dignement seconder, lorsqu'il en serait temps, par les matelots et les soldats, ils se mêlèrent et s'entretinrent souvent avec eux ; ils gagnèrent leur confiance et leur firent partager l'ardeur belliqueuse qui les animait. Enfin le jour du combat, tant désiré par eux, arriva ; les voix de Ledanseur et de Lerch se font entendre ; elles enflamment les cœurs de leurs compagnons d'armes, et deviennent le signal d'un mouvement général de l'équipage et de la garnison, qui, dévançant les ordres du capitaine, demandent avec fureur qu'on les conduise à l'abordage.

Les deux moteurs de cette insurrection singulière, ne se bornent pas à de vaines paroles ; les premiers, ils s'arment ; les premiers, ils sont à bord de l'ennemi. Lerch eut le bonheur de survivre à une victoire à laquelle il avait si fort contribué ; Ledanseur, moins heureux, fut tué sur le gaillard de l'*Ambuscade*, et sa mort donna lieu à un beau trait de la part d'un enfant. Marie Richard, jeune mousse, attaché au service de cet officier, l'avait suivi à l'abordage ; au moment où il le vit tomber, il se saisit d'un de ses pistolets, et le déchargea sur l'Anglais qui lui avait porté le coup mortel, en s'écriant : « *Coquin, tu n'en tueras pas d'autre!* »

A peine les Français avaient-ils amariné l'*Ambuscade*, que les mâts restans de la *Bayonnaise* tombèrent à la mer. On fut obligé de la faire remorquer par la frégate anglaise, sur laquelle passa la plus grande partie de l'équipage français ; et c'est de la sorte qu'elle fit son entrée en rade de Rochefort, traînant son vainqueur après elle. Les blessés des deux équipages mis à terre dans ce port, y furent traités avec un égal soin. Parmi eux se trouvaient le capitaine français et le capitaine anglais ; le premier, blessé à la main droite, dont il est demeuré estropié ; et l'autre, blessé grièvement à une cuisse. La nouvelle du glorieux combat de la *Bayonnaise* fut reçue avec transport à Paris et dans toute la France. Le Directoire ordonna qu'on payât sur-le-champ au capitaine, 3,500 fr. pour chacun des canons et caronnades de la frégate anglaise. Le lieutenant de marine Richer fut élevé au grade de capitaine de vaisseau, sans passer par le grade intermédiaire de capitaine de frégate, et Lerch fut réintégré dans son grade de chef de bataillon.

COMBAT NAVAL
D'ALGÉSIRAS.

(6 Juillet 1801.)

Le roi d'Espagne avait donné 6 vaisseaux à la France. Les bâtimens mis sous les ordres du contre amiral Dumanoir, attendaient, dans la rade de Cadix, les équipages français qui devaient les monter et qu'on faisait venir de Brest; 6 autres vaisseaux commandés par l'amiral espagnol Moreno, étaient destinés à agir de concert avec cette escadre, pour soutenir l'amiral Gantaume dans la Méditerranée.

Les vaisseaux le *Formidable*, l'*Indomptable* et le *Desaix*, et la frégate le *Muiron*, que Gantaume avait renvoyés de Livourne à Toulon, furent réparés et leurs équipages portés au complet. Le contre amiral Linois, qui était employé sous les ordres de Gantaume, fut chargé du commandement de cette division, et dut la conduire à Cadix pour se rallier à l'escadre combinée. Il sortit de Toulon, le 13 juin 1801, et après avoir donné la chasse aux croisières ennemies, dans le Golfe de Lyon, il fit voile pour Cadix. Lorsqu'il eut doublé le cap Gata, et qu'il se disposait à embouquer le détroit de Gibraltar, il apprit par un bâtiment espagnol que le port de Cadix était étroitement bloqué par l'escadre de l'amiral anglais Saumarez, composé de trois vaisseaux de 84 canons; trois autres de 74, une frégate et un longre.

D'un autre côté, il était suivi par les bâtimens aux quels il avait donné la chasse et qui appartenaient à l'amiral Warren. Linois, dans cette extrémité, n'avait d'autre parti à prendre que de se jeter dans la baie de Gibraltar, ce qu'il fit en mouillant à la rade d'Algésiras, le 4 juillet.

Le 6 au matin, la division française mouillée à 10 ou 12 brasses devant Algésiras, était en mouvement pour prendre sa ligne d'embossage, lorsque l'escadre anglaise qui avait été informée par les vigies de Gibraltar, de l'armée des français, doublait le cap et formait sa ligne de bataille.

La ligne d'embossage de notre escadre devait être soutenue au sud par une batterie de 7 pièces de canon, étallée sur un écueil appelé Ile-Verte, et au nord par une batterie de la côte, dite batterie Saint-Jacques, armée de 5 pièces, mais ces deux batteries étaient en mauvais état et mal approvisionnées.

A 8 heures, les bâtimens ennemis se trouvant à portée de l'Ile-Verte, la batterie espagnole tira sur eux, et le combat s'engagea du sud au nord, à mesure que l'escadre anglaise prolongeait sa ligne. L'amiral Linois, qui avait arboré son pavillon sur le *Formidable*, jugeant du but de l'attaque de son adversaire par les manœuvres du vaisseau de la tête, le *Vénérable* qui cherchait à le doubler et à passer entre la terre et la ligne d'embossage, n'hésita point à donner le signal de couper les cables pour s'échouer ; la brise avait molli, et variant du nord au nord-est, le mouvement d'abattée fut long et inégal ; le *Desaix* souffrait des enfilades des vaisseaux qui le canonnaient ; l'*Indomptable* en tombant, se trouva placé dans une position critique, mais il ne ralentit point son feu ; le *Formidable* présenta le travers au large et l'avant au chef de file de la ligne ennemie, lequel toucha aussi en avant du vaisseau français ; deux autres vaisseaux anglais s'embossèrent à portée de fusil. Ce premier engagement dura deux heures, et les manœuvres étaient fort endommagées de part et d'autre.

N'ayant pu réussir à doubler la gauche de la ligne française, les Anglais voulurent s'emparer de l'Ile-Verte, dont la batterie servie par les canonniers espagnols avait cessé de tirer. Le capitaine de la frégate la *Muiron*, mouillée entre la terre et l'*Indomptable*, souffrait beaucoup du feu des deux derniers vaisseaux de la ligne anglaise; voyant leurs embarcations se diriger sur l'île, il y détacha la garnison de la frégate, au nombre de 130 hommes sous le commandement d'un capitaine d'infanterie. Cet officier aussi actif que brave, arriva assez à temps pour empêcher les Anglais d'aborder; un des canots fut coulé bas et un autre fut pris. Ce renfort dans l'Ile-Verte changea la face des choses; la batterie servie par les soldats français, commença à tirer avec vivacité. Un des vaisseaux ennemis, le *Pompée*, ayant touché sur le bas-fond situé vis-à-vis cette batterie, et essuyant aussi le feu de l'*Indomptable*, amena son pavillon; mais, remorqué par des chaloupes venues de Gibraltar, et entraîné par le courant et un vent d'est, il ne put pas être pris.

Après l'échouage des vaisseaux français, sept chaloupes canonnières espagnoles, sortant du port d'Algésiras, étaient venues former la gauche de la ligne, sous la protection de la batterie de St-Jacques. Elles prirent une part si vive à l'action, que 5 d'entre-elles furent coulées ou mises hors de combat; la batterie de St-Jacques avait aussi ralenti son feu; mais le général Devaux, à la tête d'un détachement de troupes qu'il prit à bord du *Desaix*, s'y porta rapidement, et fit servir les pièces avec plus d'activité et dans une meilleure direction.

Le combat s'était renouvellé plus vivement que jamais ; mais les anglais ne purent résister long-temps au feu terrible des vaisseaux français et des batteries servies par des vaisseaux intrépides. Trois d'entr'eux furent démâtés de leurs mâts de hune, et tous étaient avariés dans leurs voilures, ceux qui étaient mouillés coupèrent leurs cables. L'*Annibal*, échoué près du *Formidable*, essuyant en même temps le feu de la batterie St-Jacques et celui du vaisseau français, amena son pavillon à deux heures du soir. L'amiral Saumarez l'abandonna, fit cesser le combat qui avait duré 6 heures, et se retira sur Gibraltar avec les quatre vaisseaux qui lui restaient.

La perte des Anglais fut plus considérable que celle de leurs adversaires dans ce combat opiniâtre et meurtrier. Les capitaines français Lalonde et Moncousu, commandant, le premier, le *Formidable*, et le second, l'*Indomptale*, moururent glorieusement sur leur banc de quart. Les équipages et les troupes de terre rivalisèrent de zéle et de courage, et combattirent en bon ordre avec une constance digne des plus grands éloges.

L'amiral Linois, presque surpris sur une rade ouverte au vent d'Est, qui favorisait l'ennemi, n'ayant point, comme son adversaire, bien supérieur en force, le choix des moyens d'action et une retraite assurée sous le canon de Gibraltar, s'acquit une très-grande gloire par la fermeté de sa résolution, et par sa belle défense.

Les anglais avaient perdu le tiers de leurs forces : l'*Annibal*, resté au pouvoir des Franàais, et le *Pompée*, étaient entièrement démâtés ; mais ils trouvaient à Gibraltar toutes les ressources nécessaires pour réparer leurs bâtimens et renforcer leur équipage, tandis que l'amiral Linois n'avait à espérer aucun secours de la côte d'Algésiras, et n'en pouvait attendre que de Cadix.

L'amiral Saumarez se hâta de profiter de cet avantage, et, comme nous allons le voir dans le chapitre suivant, la fortune lui fournit l'occasion d'effacer la honte de sa défaite, dans un de ces événemens où le talent et la valeur ne peuvent rien contre les caprices de cette déesse.

COMBAT

DU DÉTROIT DE GIBRALTAR.

(*Nuit du* 12 *au* 13 *Juillet* 1801.)

L'amiral Linois, pour se relever de la côte et quitter la baie d'Algésiras en présence de l'ennemi, réclama des secours auprès de l'amiral Massaredo, commandant la marine espagnole à Cadix. Il écrivit au contre-amiral Dumanoir qu'il ne fallait pas donner aux anglais le temps de respirer; que ses quatre vaisseaux (il comprenait l'*Annibal* qu'il avait capturé) était embossés, qu'il était en état de recevoir l'ennemi; « mais, ajoutait-il, s'il nous vient du vent, je ne réponds plus des vaisseaux. » Dans une seconde lettre à l'amiral espagnol, Linois disait: « On vient de me donner avis que l'ennemi se dispose à nous incendier au mouillage; vous pouvez sauver à la république trois vaisseaux et une frégate, en ordonnant que l'escadre vienne nous chercher...»

Les vives sollicitations et l'activité du contre-amiral Dumanoir, décidèrent enfin les espagnols. Don Juan Moreno mit à la voile le 8 juillet, et sortit de la rade de Cadix avec une escadre composée de 6 vaisseaux de ligne, dont trois à trois ponts, de 4 frégates et d'un brick.

Cette escadre, sur laquelle le contre-amiral Dumanoir s'embarqua avec l'amiral espagnol, arriva le 9 juillet, devant Algésiras, mais il était trop tard pour que les vaisseaux français pussent être remorqués, en présence des Anglais, qui, déjà reposés, étaient en observation. Il fallait, même avec des vents favorables, pour passer le détroit, mettre les vaisseaux avariés en état de faire toute la voile indispensablement nécessaire pour sortir de la baie ; on y travailla nuit et jour, et tout était prêt le 12 au matin.

A une heure après midi, l'amiral Moreno fit signal d'appareiller, à raison de la marée. Les vents étaient à l'Est ; le mouvement des vaisseaux tirés de la ligne pour sortir de la baie, fut suivi successivement, de sorte que l'ordre de bataille naturel de l'escadre espagnole, se trouva formé de suite au vent des vaisseaux français.

Un calme inégal, qui survint à la hauteur de Gibraltar, dérangea la régularité de cet ordre, et retarda la marche des derniers vaisseaux, tandis qu'au contraire les Anglais, au nombre de 5 vaisseaux, une frégate, un brick et une autre frégate portugaise, appareillèrent avec une brise franche de l'est, et se formaient en ligne de bataille au vent de l'escadre combinée.

L'amiral Moreno, d'après les ordonnances qui prescrivent au commandant d'une escadre espagnole, en présence de l'ennemi, de quitter son vaisseau et de passer sur une frégate, porta son pavillon sur la *Sabine;* il exigea que le commandant français se rendit auprès de lui, pour le concert des mouvemens et des signaux; l'amiral Linois n'y consentit qu'avec beaucoup de répugnance, et laissa le commandement du *Formidable* au capitaine Tronde.

Au coucher du soleil, les derniers vaisseaux de l'escadre franco-espagnole étaient parvenus, non sans de grandes difficultés, à doubler la pointe d'*El-Carnero*. Il ne restait en arrière que le vaisseau l'*Annibal*, qui, bien que remorqué par la frégate l'*Indienne*, n'ayant pour mâts majeurs que des mâts de hune, ne put faire assez de voile pour s'élever, et qu'il fallut faire relâcher à Algésiras.

L'amiral Moreno fit mettre en panne à une lieue, sous le vent de l'ennemi, pour faciliter le ralliement des vaisseaux que le calme avait surpris. La ligne étant fermée, l'amiral fit le signal de former l'ordre de front pour arriver au détroit; sa frégate, passant en avant de la ligne, alluma ses fanaux. L'escadre manœuvra d'abord en assez bon ordre dans l'obscurité; mais bientôt il ne fut plus permis, à des bâtimens d'une marche et d'une voilure si inégales, de s'observer mutuellement et de conserver leur poste.

L'amiral anglais, qui était resté en panne au vent de l'escadre combinée, jusqu'à la chute du jour, força alors de voile pour l'atteindre. Vers 11 heures, il ordonna au *Superbe* d'attaquer le vaisseau d'arrière-garde. Ce vaisseau, passant entre les trois ponts espagnols, le *Real-Carlos* et *l'Hermenegilde*, lâcha ses bordées de tribord et de babord sur l'un et sur l'autre, et, forçant de voile, il se porta sur le *St.-Antoine*, déjà attaqué par le *César*. Les deux trois ponts qui, dans l'obscurité, n'avaient point aperçu le changement de position du vaisseau anglais, croyant, l'un et l'autre, riposter à son feu, se prirent réciproquement pour ennemis, et se livrèrent un combat terrible; entraîné de plus en plus dans cette funeste erreur, ils s'abordèrent; le vent fraîchit tout-à-coup et devint impétueux; le feu se déclara à bord du *Réal-Carlos*; les flammes qui le dévoraient gagnèrent l'*Hermenegilde*, qui ne put s'en séparer. A ce moment les deux escadres étaient mêlées. Amis et ennemis, témoins de ce désastre, ignorant qui en étaient les victimes, tous s'éloignaient de cet effrayant incendie; les deux vaisseaux sautèrent à vingt minutes de distance. Cette double explosion retentit au loin et produisit dans Cadix l'effet d'un tremblement de terre; 3oo hommes seulement, de 2,000 qui comprenaient les équipages de ces deux vaisseaux, purent échapper à la mort, en se jetant dans des embarcations; mais, pour comble de malheur, ils abordèrent le *St.-Antoine* au moment où celui-ci amenait son pavillon au *César* et au *Superbe* qui l'avaient entièrement démonté. La frégate la *Sabine*, attirant l'attention de l'ennemi par ses feux à tête de mât, (signe de ralliement) fut vivement canonnée par l'ennemi, pendant cette nuit désastreuse. Le jour vint éclairer l'amiral espagnol sur les pertes qu'il avait faites; il rallia le reste de l'escadre, à l'exception du *Formidable* dont il entendit le combat dans la partie de l'est, la brise étant au sud-est: Don Moreno fit former une prompte ligne de bataille, et sans égard au poste, pour aller au secours du vaisseau, se dirigeant sur la fumée qu'il apercevait.

Le *Formidable* qui était aussi engagé avec l'ennemi, n'avait pu, dans l'obscurité de la nuit, avec des tronçons de mâts, ses seules voiles basses, et un équipage réduit à un nombre d'hommes insuffisant, suivre le mouvement de l'escadre combinée. A minuit, il fut joint par 5 vaisseaux ennemis et essuya leur feu ; ils tiraient à boulets rouges. Le capitaine Trondé, commandant du *Formidable*, défendit de riposter, et voyant que les anglais portaient trois feux de reconnaissance à la corne, il fit hisser les mêmes feux, et réussit ainsi à se dégager, en se laissant couler. A une heure du matin il avait perdu de vue l'escadre combinée, et s'estimant sur le travers de Tanger (sur la côte d'Afrique), il manœuvra pour rallier la terre et se trouver devant Cadix, à la pointe du jour. A 4 heures du matin, il apperçut dans ses eaux 4 bâtimens qu'il reconnut pour ennemis : c'était en effet une partie de l'escadre anglaise : le *César*, monté par l'amiral Saumarez, le *Vénérable*, le *Superbe* et la frégate la *Tamise*. Le brave Trondé se disposa au combat, et renforçat ses batteries par des hommes du gaillard. Il fut joint d'abord par le *Vénérable* et la *Tamise*; le premier envoya sa volée par la hanche de babord, et le *Formidable* arriva pour serrer cet adversaire au feu. Le combat le plus vif s'engagea vergue à vergue, et souvent à la longueur d'écouvillon. Le capitaine français ordonna de mettre jusqu'à trois boulets dans chaque canon. La *Tamise* le battait en poupe mais ses canons de retraite ripostaient à ce feu. Les deux autres vaisseaux ennemis arrivèrent successivement, et, ne pouvant doubler le *Formidable* au vent, ils prirent position par sa hanche de babord. Les premières volées du vaisseau français démâtèrent le *Vénérable* de son perroquet de fougue, et bientôt après de son grand mât ; l'anglais laissa arriver ; mais Tronde le suivit dans ce mouvement pour le battre en poupe, en même temps qu'il faisait canonner le *César*, qui, se trouvant sur l'avant du *Vénérable*, et ne pouvait pas riposter, pas un boulet français n'était perdu. Dans cette position, le *Vénérable* perdit encore son mât de misaine.

Tronde fit diriger ensuite tout son feu sur le *César*, le serrant le plus près possible ; après une demi-heure d'engagement, quoique l'Anglais, qui avait toute ses voiles, dépassât le *Formidable*, et forçât celui-ci à manœuvrer, pour le tenir sur son travers, le *César* abandonna la partie, arriva en désordre, prit les amures à babord et rejoignit le *Vénérable* auquel la *Tamise* portait du secours. Il restait encore à combattre le *Superbe*, qui était attaqué par la joue de babord du vaisseau Français ; mais l'Anglais laissa arriver, passa sous le vent au *Formidable*, hors de portée, et rejoignit les autres bâtimens.

A sept heures du matin, le capitaine Tronde était maître du champ de bataille. Il fit monter dans la batterie le reste des boulets qui pouvaient lui faire tenir encore une heure de combat, rafraîchir le vaillant équipage qui l'avait si bien secondé, et réparer son gréement ; les voiles étaient en lambeaux ; la brise de terre avait cessé, et il se trouvait en calme à portée du canon de l'escadre ennemie, dont les embarcations étaient alors occupées à secourir le *Vénérable*. Ce vaisseau avait encore été démâté de son mât d'artimon, et les courans le portaient à la côte. A dix heures le vent ayant fraîchi, la *Tamise* essaya de prendre ce même vaisseau à la remorque ; mais ne pouvant se relever, il fut s'échouer entre l'île de Léon et la pointe de St-Roch.

Le capitaine Tronde présuma que l'ennemi allait recommencer, et il fit tout disposer pour le recevoir.

Officiers et matelots, tous désiraient ardemment avoir une seconde occasion de prouver leur dévouement et leur intrépidité aux nombreux spectateurs, qui, de Cadix et de l'île St-Léon, attendaient l'issue de cette lutte inégale, mais l'ennemi n'osa point s'y engager ; bien que l'escadre combinée fût encore éloignée de cinq lieues, il fit route pour le détroit, abandonnant son vaisseau à la côte. Tronde avait ordonné au commandant de 4 chaloupes canonnières espagnoles, qui étaient venues le joindre de la rade de Cadix, d'amariner le *Vénérable;* cet officier n'obéit point.

Enfin, à cinq heures du soir, le digne capitaine français entra dans le port de Cadix, aux acclamations de toute la population de cette ville. Le reste de la flotte combinée mouilla aussi à Cadix vers le soir de cette même journée du 13 juillet.

Ainsi la prise de l'*Annibal* compensa la perte du *St-Antoine*, et la victoire remportée par l'amiral Linois devant Algésiras, ainsi que le beau combat du capitaine Tronde, dans le détroit, assurèrent au pavillon français la gloire de cette courte et mémorable campagne de mer.

FLOTTILLE DE BOULOGNE.

DOUBLE ÉCHEC

DE L'AMIRAL NELSON.

(1801)

Après le traité de Lunéville, le premier consul mettant à profit la pacification du continent, s'occupa des dispositions à prendre contre l'Angleterre. Le port de Boulogne fut choisi pour être le point central de tous les armemens. Bonaparte organisa neuf divisions de bâtimens légers, et désigna un pareil nombre de bataillons d'infanterie ainsi que des détachemens d'artillerie pour faire le service sur cette flottille, dont le contre-amiral Latouche Tréville, officier distingué de l'ancienne marine, fut nommé commandant en chef.

Ces apprêts répandirent d'abord l'alarme en Angleterre. Quoique plus de 30 vaisseaux de ligne et un très-grand nombre de frégates et de bricks fussent alors employés à observer les côtes de France, le cabinet de St.-James ordonna la construction d'un grand nombre de chaloupes canonnières et de bombardes, qui furent placées à l'entrée des ports et à l'embouchure des rivières. Il fit armer les vaisseaux de la compagnie des Indes qui ne servaient point au commerce; les forces de terres dont on pouvait disposer furent augmentées; un appel général fut fait à tous les corps de volontaires, qui furent rassemblés et exercés; enfin, le gouvernement anglais crut devoir mettre en œuvre la mesure de la levée en masse; on répandit parmi le peuple des écrits pour exciter toute la population à prendre les armes en cas d'une invasion subite.

Il résulta de tout cet appareil d'attaque et de défense un dispendieux simulacre de guerre, dont le théâtre était restreint à cet espace de côtes comprise entre Calais et l'embouchure de la Somme. Les bâtimens de la flottille française, dispersés dans différens ports, et qui devaient tous se réunir à Boulogne, ne pouvaient prendre le large pour doubler les caps, les pointes ou les bancs, selon les courans et les marrées, sans être chassés ou canonnés par les frégates anglaises et les autres moindres bâtimens de guerre dont la Manche était couverte. Les Français serraient alors la côte pour chercher un abri sous la protection des batteries de terre ; à l'aide de ces repos, et presque toujours en combattant, ils parvenaient cependant à atteindre le point de réunion. Six chaloupes canonnières, entre autres, ayant doublé le cap Grisnez en présence de deux vaisseaux, deux frégates, douze bricks et plusieurs canonnières anglaises, et soutenu le feu de cette escadre, parvinrent à mouiller dans la rade de Boulogne.

Cependant le ministère britannique ayant résolu de prendre une offensive vigoureuse, fit préparer secrètement à *Sheerness* et à *Nore*, une expédition destinée à attaquer sérieusement le port de Boulogne, tandis que, pour faire diversion, les autres bâtimens qui tenaient la mer, menaçaient les ports et les mouillages des côtes de la Hollande, et des anciennes provinces de Normandie et de Bretagne. L'amiral Nelson, ne contribua pas peu à cette détermination prise par le gouvernement ; il ne mit point en doute la possibilité d'incendier la flottille française, en la surprenant sur la rade, où la plus grande partie était mouillée, pour favoriser l'arrivage successif des divisions et des petits convois qui venaient s'y rallier. Quelque mystérieux et secrets que fussent les préparatifs de l'expédition anglaise, le premier consul en fut informé. Il reçut, par des agens secrets, des rapports circonstanciés sur l'espèce de bâtimens, de brûlots, de machines infernales, qu'on avait construits et armés avec une grande activité, et il prévint le contre-amiral Latouche qu'ils seraient incessamment attaqués.

L'amiral Nelson fut désigné pour commander l'escadre qui se rassemblait dans la rade de Deal : rendu à ce poste le 31 juillet 1801, il mit à la voile le 1er août, et se dirigea sur Boulogne. Ses forces consistaient en quarante voiles de guerre, dont trois vaisseaux de ligne, deux frégates, quelques bricks et cutters; des bombardes, chaloupes canonnières et brûlots formaient le reste.

Le contre-amiral Latouche, à la réception des dépêches du premier consul, avait formé, un peu en avant de la rade, une ligne d'embossage de six bricks, deux schooners, vingt chaloupes canonnières, et un grand nombre de bateaux plats. A l'approche de l'ennemi, il ne changea rien à cette disposition, et se borna à faire garnir les batteries de terre, et tenir à portée une réserve de quatre mille hommes d'infanterie.

Lord Nelson, arrivé en vue de la rade de Boulogne, le 2 août, employa la journée du lendemain à reconnaître de près les différens points de la côte et l'emplacement des batteries au dessus et au dessous du port;

et, après s'être assuré par des essais que les bombes pouvaient atteindre le rivage, il concentra ses bâtimens et jeta l'ancre à une lieue et demie de terre. Le 4, à la pointe du jour, monté à bord de la frégate la *Méduse*, l'amiral plaça lui-même ses bombardes dans une position oblique par rapport à la ligne française, en les rapprochant de l'extrémité droite de cette même ligne. Il tenait par là presque tous les bâtimens hors de la portée des batteries qui défendaient l'entrée du port, et ne pouvaient découvrir à leur gauche la droite de la ligne des bombardes. Le reste de l'escadre ennemie resta mouillé en arrière. Nelson s'attendait au meilleur effet de ses bombes ; il espérait que la flottille française, pour les éviter, se réfugierait dans le port de Boulogne, où il se proposait, la nuit suivante, de diriger ses brûlots, pour incendier cette masse de bâtimens aussi resserrés dans un espace étroit.

Le bombardement commença vers neuf heures du matin ; et, pour engager les Français à démasquer toutes leurs batteries, que les plis du terrain ne lui avaient pas permis de bien reconnaître, Nelson fit appreiller en même temps ses vaisseaux, qui longèrent le rivage et le mouillage de la flottille. La canonnade s'engagea alors entre la terre et ses vaisseaux, qui lâchaient tour-à-tour leur bordée en revirant, mais sans produire un grand effet. Celui des bombes ne put ébranler la ligne d'embossage : une canonnière et un bateau plat seulement furent coulés bas. Le vent ayant changé au moment où la marée se retirait, Nelson abandonna une position qui devenait périlleuse, satisfait, comme il le dit lui-même, dans son rapport aux commissaires de l'amirauté, « d'avoir appris aux Français qu'il ne leur était point permis de sortir de leurs ports. » Il retourna vers les côtes d'Angleterre, ne laissant qu'une faible croisière devant Boulogne, pour observer les mouvemens de la flottille.

Le mauvais succès d'une entreprise qu'on lui avait présentée comme facile, fit, sur le peuple anglais, une impression fâcheuse. Une seconde attaque parut propre à détruire l'effet produit par la première dans l'esprit public.

La presse des matelots fut ordonnée, et l'escadre de Nelson, mouillée dès le 6 août à Margate et à Déal, fut augmentée de trente bâtimens, sur lesquels on fit embarquer environ quatre mille soldats de marine. L'amiral appareilla avec ces soixante-dix voiles de la rade de Margate, et se dirigea d'abord vers l'est, comme pour se porter sur l'île Walcheren pour attaquer Flessingue ou quelque autre point de la côte batave; mais les Français ne prirent point le change.

Déjà l'amiral Latouche avait mit le temps à profit : des batteries avaient été construites par son ordre sur les points qui avaient été négligés vers les extrémités de la ligne, et dont l'ennemi pouvait tirer avantage; on avait placé des mortiers dans les intervalles des batteries, et disposé les troupes de terre de manière à ce qu'elles pussent, au besoin, prendre une part active à l'action; la ligne d'embossage avait été renforcée de quelques bâtimens et soutenue par des bombardes.

Nelson vint mouiller, le 15 août, à trois mille toises environ de l'avant-garde de la flottille française. Les vaisseaux ennemis étaient entourés de chaloupes et de péniches de toute grandeur. L'amiral Latouche, ne doutant point qu'il ne fût attaqué sous peu d'heures, fit donner, par le capitaine de vaisseau Pévrieux, commandant la rade, l'ordre à tous les bâtimens et aux batteries de terre, de se préparer à un engagement général. En effet, Nelson méditait de surprendre la flottille cette nuit même du 15 au 16 : il forma quatre divisions, commandées chacune par un capitaine de haut bord et composées de six bateaux plats et dix péniches; une cinquième division, formant la réserve, était toute composée de bateaux armés d'obusiers, et destinés à incendier la partie de la flottille qui ne serait point enlevée à l'abordage; chaque division devait attaquer un certain nombre de bâtimens de la ligne française, en commençant par le côté de l'est, et s'engageant successivement vers l'ouest : toutes se mirent en mouvement à onze heures du soir, et s'approchèrent en silence de la ligne d'embossage. Les matelots et les soldats anglais étaient armés de piques, de sabres et de haches d'abordage, et avaient ordre de ne faire feu que dans le cas où les Français prendraient l'alarme avant qu'on eût pu accoster leurs bâtimens.

Le flot et les courans ne permirent point aux divisions anglaises de conserver, en s'avançant, l'ordre et l'ensemble qui leur étaient prescrits : elles se séparèrent et se mêlèrent dans l'obscurité. Vers une heure du matin, la seconde division étant arrivée à la hauteur de la tête de l'avant-garde française, le capitaine Parker fit commencer de suite l'attaque, entoura et voulut enlever la canonnière l'*Etna*, qui se trouvait la plus avancée, et à bord de laquelle était le brave capitaine Pévrieux, qui tua de sa main deux matelots ennemis s'efforçant, malgré les filets d'abordage, de sauter à bord de ce bâtiment. Un feu de file bien dirigé par le détachement des troupes de terre qui était sur la chaloupe française, et les bordées de mitraille de cette dernière, lâchées à bout portant, tuèrent ou blessèrent en un instant les deux tiers des hommes à bord des péniches de la division anglaise ; le capitaine Parker eut la cuisse emportée : le combat devint général ; presque tous les bâtimens de la flottille furent attaqués avec la même fureur, et partout les péniches anglaises furent vivement repoussées. Les chaloupes canonnières le *Volcan* et la *Surprise*, eurent à soutenir le plus grand effort : cette dernière coula bas quatre péniches et en amarina plusieurs autres. Pendant ce temps, la division anglaise de réserve s'avança vers la jetée, et le capitaine Konn qui la commandait, voulut se placer entre la terre et la ligne d'embossage ; mais elle fut foudroyée par les batteries et forcée de gagner le large. Le rivage et la rade étaient couverts de feu.

L'action cessa à la pointe du jour. Nelson fit alors signal de ralliement, et retira toutes les péniches hors de portée. D'après le propre aveu des Anglais, ils avaient perdu plus de deux cents hommes tués ou blessés ; les Français n'avaient eu que trente-cinq hommes hors de combat. L'amiral Latouche donna de grands éloges aux détachemens qui formaient les garnisons des bâtimens de la flottille, pour la fermeté, le calme et l'adresse avec lesquels ils dirigèrent leur feu sur les péniches ennemies au moment de l'abordage. Les Anglais, en rendant justice à leurs adversaires et à la sincérité des rapports de l'amiral Latouche, supposèrent, pour justifier en partie l'échec éprouvé par Nelson, que les bâtimens étaient fixés au fond et même liés entre eux par des chaînes de fer, supposition évidemment ridicule, comme s'il était probable qu'un pareil obstacle eût empêché les Anglais de sauter à bord de ces bâtimens, et de les incendier, s'ils avaient pu s'en rendre maîtres.

Cette deuxième tentative de Nelson lui attira de graves reproches de la part de ses concitoyens : on l'accusa d'avoir inutilement prodigué le sang des Anglais pour venger la honte de son premier échec. L'amiral fut consolé de cette injustice par les témoignages d'estime et d'admiration que ne cessèrent point de lui prodiguer tous ses compagnons d'armes, et par la lettre qu'il reçut du premier lord de l'amirauté, l'amiral Saint-Vincent. Celui-ci lui disait : « Il ne nous est pas donné de commander le succès ; Votre Seigneurie et les braves officiers sous vos ordres méritaient de les obtenir, et je ne puis suffisamment exprimer mon admiration pour le zèle et le courage avec lesquels cette expédition a été suivie. » C'est dans cette lettre que lord Saint-Vincent paraissait croire que la flottille française fut attachée au rivage, et les bâtimens liés les uns aux autres. De retour à Deal, le vainqueur d'Aboukir, visitant l'hôpital des blessés, entendit un matelot qui se plaignait amèrement d'avoir une jambe amputée : « Eh! n'ai-je pas moi-même perdu un bras, lui dit Nelson, et ne dois-je pas m'attendre à être entièrement mutilé pour la défense de notre patrie?— Je ne me plains, répliqua le matelot, que d'être privé de l'avantage de pouvoir accompagner votre seigneurie à la prochaine attaque. »

Le combat naval de Boulogne fut célébré en France comme un avantage remarquable. Bonaparte se fit présenter à la grande parade des Tuileries, les canonniers, soldats et matelots qui s'étaient le plus distingués, et que l'amiral Latouche avait particulièrement désignés à la bienveillance du gouvernement : il leur distribua des grenades, des haches d'abordage et des fusils d'honneur ; l'enseigne de vaisseau Rouvillois, les deux aspirans de marine Buron et Victor Lettre, étaient du nombre des braves que le premier consul récompensait ainsi de leur belle conduite.

COMBAT
DE LA
FRÉGATE FRANÇAISE L'AFRICAINE,
CONTRE
LA FRÉGATE ANGLAISE LA PHŒBÉ.

(*Février* 1801.)

Pendant que l'amiral Ganteaume était à la tête d'une expédition chargée par le premier consul, de porter des renforts à l'armée d'Egypte, une division de frégates avait été réunie par ses ordres dans le port de Rochefort. Elle avait à bord, des troupes de débarquement, commandées par le général Desfourneaux, et elle mit à la voile le 13 février 1801, à peu près dans le même temps où l'amiral Ganteaume cinglait le long des côtes d'Afrique : le capitaine Saulnier, qui commandait cette seconde expédition, chargée, en outre, d'une grande quantité d'armes, de munitions, d'effets militaires, et même d'instrumens aratoires, montait la frégate l'*Africaine*, de 44 canons. Dès le lendemain du départ, ce commandant se trouva séparé des autres frégates de sa division par un coup de vent, et fut forcé de naviguer séparément. Deux frégates et un brick anglais, qu'il rencontra à la hauteur du cap de la Roca, lui donnèrent chasse; mais il leur échappa, et parvint jusqu'au détroit sans avoir pu rallier un seul de ses bâtimens. Il longeait la côte d'Afrique, lorsqu'il fut reconnu et joint par la frégate anglaise la *Phœbé*. L'action s'engagea à nuit close et à portée de pistolet. Comme l'*Africaine* était encombrée de soldats et d'effets, le capitaine Saulnier tenta deux fois d'enlever la frégate ennemie à l'abordage. Les grenadiers et les chasseurs français à bord de l'*Africaine*, impatiens de joindre les Anglais sur le leur, couvraient les gaillards et le tillac, et, gênant les manœuvres, jetaient une grande confusion dans l'équipage. L'ennemi, au contraire, manœuvrant librement, évita d'être abordé. Le capitaine Saulnier, le général Desfourneaux, qui se trouvaient sur la frégate française, et tous les officiers, firent de vains efforts pour engager les soldats à débarrasser momentanément le pont: pas un ne voulut descendre; ils regardaient cette invitation comme une insulte à leur intrépidité. Cependant la première bordée de la *Phœbé* fit une horrible boucherie de cette masse de braves, que leur trop d'ardeur exposait ainsi inutilement. Les manœuvres furent de plus en plus entravées; les artilleurs de terre s'empressaient de remplacer les canonniers de marine; les grenadiers et les chasseurs prenaient la place des matelots renversés par le boulet et la mitraille, tandis que d'autres, courant çà et là, tenant en main la hache d'abordage, croyaient pouvoir se précipiter sur le pont du bâtiment ennemi comme dans une redoute. Sur ces entrefaites, le feu prit à bord de la frégate française; mais il fut éteint par l'activité des troupes. Le combat dura ainsi pendant plus de deux heures. Le capitaine Saulnier fut tué; son second, le capitaine Magendie, reçut une blessure très-grave à la tête; le chef de brigade Duguet, qui commandait les troupes à bord, fut emporté par un boulet; le général Desfourneaux, et presque tous les officiers, reçurent aussi des blessures plus ou moins graves; enfin le pont était jonché de cadavres, les canons démontés, la frégate désemparée et sur le point de couler bas, lorsque le lieutenant de vaisseau Lafitte se décida à amener son pavillon. Sur sept cent quinze individus qui se trouvaient à bord de l'*Africaine*, deux cents avaient été tués, et cent quarante-trois étaient hors de combat. Dans cet engagement meurtrier, dont l'histoire de notre marine offre peu d'exemples, le courage inconsidéré des soldats français, leur inexpérience et leur obstination à vouloir tous à la fois prendre part au combat, furent les causes du triomphe des Anglais. Le capitaine ennemi, Robert Barlow, rendit hommage aux restes du capitaine Saulnier, par des honneurs funèbres, et exprima des regrets sincères sur la perte de ce brave officier.

COMBAT
DU CORSAIRE FRANÇAIS L'UNITÉ,
CONTRE
LE CUTTER ANGLAIS LE SWAN.

(*JANVIER* 1797.)

Outre les grands corsaires armés par les ports de Bayonne, Bordeaux et Nantes, qui faisaient d'assez longues croisières, une multitude de petits lougres et de péniches sortaient des ports de la Manche et de la mer du Nord, principalement de Dieppe, Boulogne, Calais et Dunkerque. Durant les longues nuits d'hiver, ils coupaient à la côte d'Angleterre, s'emparaient des bâtimens qu'ils trouvaient naviguant le long de cette côte, et regagnaient avec le jour celle de France, où ils conduisaient leurs prises, favorisés par les ténèbres, qui les dérobaient aux nombreux croiseurs anglais. Ce genre de guerre, extrêmement préjudiciable à l'ennemi, n'exigeait que de la ruse et une connaissance parfaite du gisement des côtes, des vents et des marées. Néanmoins, lorsque les navires qu'ils supposaient richement chargés étaient armés, ou bien lorsqu'ils ne pouvaient espérer se soustraire à un bâtiment de guerre ennemi qu'en le combattant, les capitaines et les matelots qui montaient ces frêles embarctions faisaient souvent des prodiges de valeur. En voici un exemple.

Le corsaire l'*Unité*, de six canons de 4, commandé par le capitaine Carry, de Boulogne, et armé à la fin de l'année 1796, avait déjà fait plusieurs prises à l'ennemi, lorsque, dans les premiers jours de janvier 1797, il fut obligé de combattre un bâtiment ennemi qui, marchant mieux que lui, l'empêchait de trouver son salut dans la fuite : c'était le *Swan*, cutter de la douane anglaise, armé de quatorze canons et doublé en cuivre. Dès que le capitaine Carry s'était aperçu que le cutter le poursuivait, il avait abandonné un sloop marchand qu'il venait de capturer et qu'il emmenait à la remorque, pour prendre chasse toutes voiles dehors ; mais voyant que le *Swan* le gagnait considérablement, il se décida à revirer pour lui livrer combat, espérant, par quelque coup de canon heureux, le dégréer et le mettre hors d'état de poursuivre l'*Unité*. Le combat fut opiniâtre, et dura huit heures presque bord à bord. Loin d'avoir pu désemparer le cutter, le corsaire français était tellement maltraité par l'artillerie de celui-ci, que tout espoir de se dérober à sa poursuite était perdu. Dans cette extrémité, le capitaine Carry, comptant sur la bravoure des hommes de son équipage, résolut de tenter un effort audacieux. « Mes amis, leur crie-t-il, pas de milieu ; il faut aborder le cutter, ou aller au *ponton !* — Abordons! abordons! répondent les matelots d'une voix unanime. » D'un coup de barre, le capitaine Carry porte son corsaire sur le bâtiment ennemi; les Français s'élancent à bord en hommes décidés à vaincre ou à périr. Le capitaine anglais tombe mort sous leurs coups, cinq ou six de ses gens sont sabrés, les autres demandent quartier à genoux, et le cutter est aux républicains. Après ce brillant exploit, le capitaine Carry répare à la hâte le gréement des deux navires, et fait route pour le Hâvre, où il entre triomphant avec sa prise. Le directoire, voulant récompenser le brave Carry, lui décerna une hache d'armes d'honneur.

COMBAT
DU CORSAIRE FRANÇAIS LE PRODIGE,
CONTRE
NEUF BATIMENS ANGLAIS.

(Juin 1797.)

Parmi les corsaires français qui causèrent le plus de dommages au commerce britannique, on doit citer le capitaine Vandezande, qui non-seulement fit beaucoup de prises sur l'ennemi, mais encore, dans diverses rencontres, combattit avec la plus grande valeur. Ce brave marin, montant *le Prodige*, petit bâtiment armé de quatorze canons de 4 et de quatre-vingts hommes d'équipage, partit de la rade de Dunkerque le 21 juin, pour aller en croisière. Le 28, à midi, il découvrit un convoi de neuf bâtimens. Aussitôt il se dirige sur eux; mais ces navires, au lieu de se couvrir de voiles et de se disperser à l'approche du corsaire, mettent en panne et se forment en ligne de bataille pour l'attendre. Ils étaient en effet tous armés, et présentaient un total de quarante canons de 4 et de 6, outre des caronnades de 18; ils avaient un commandant en chef, un second commandant, et se faisaient des signaux comme une escadre de bâtimens de guerre.

A une heure et demie, *le Prodige* les joignit, et ayant mis en travers au vent de leur ligne, le combat commença; il dura plus de six heures, pendant lesquelles le capitaine Vandezande tira sur les navires ennemis cinq cent soixante coups de canon. Ceux-ci firent également un feu terrible. Le corsaire reçut quatre boulets de 6 à fleur d'eau; il eut sa vergue de misaine rompue, tous ses haubans coupés, ses voiles criblées et toutes ses manœuvres hachées. Néanmoins, à huit heures du soir, deux de ses adversaires avaient amené leur pavillon.

La nuit suivante fut employée de part et d'autre à se réparer, et le capitaine Vandezande amarina ses deux prises. Le calme empêcha les bâtimens de s'éloigner beaucoup. Le lendemain, vers huit heures, une légère brise s'éleva. *le Prodige* en profita, et mit toutes ses voiles dehors pour chasser les sept bâtimens ennemis restans; mais le vent ayant cessé de nouveau, il fut obligé de border ses avirons, et ne parvint à les atteindre qu'à deux heures. Alors il s'engagea un second combat plus terrible encore que le premier. On était à la portée du pistolet. Le corsaire fut bientôt enveloppé par les sept navires anglais; dans cette position, le feu de l'ennemi lui causa de grandes avaries : il fut de nouveau presque entièrement désemparé; la plupart de ses affûts furent brisés ; il faisait eau de toutes parts. Cependant, par son intrépidité et la hardiesse de ses manœuvres, Vandezande contraignit encore trois de ses ennemis à baisser leur pavillon : de ce nombre était le bâtiment commandant, grand navire à trois mâts; les deux autres étaient un beau vaisseau à trois mâts et un superbe brick tout neuf.

Les cinq navires pris de la sorte par *le Prodige*, de même que ceux qui réussirent à s'échapper, appartenaient à des armateurs de Londres, et revenaient de Memel, chargés de chanvre, de toiles, de fer, de bois de construction et de pelleteries; ils étaient assurés pour des sommes très-considérables. Tous eussent été pris et amarinés, si *le Prodige* avait eu assez de monde ; mais, après en avoir fourni à ses cinq prises, il ne lui restait à bord que vingt-huit hommes, mousses et blessés compris. Vandezande convoya ses prises jusqu'à la vue du Texel, et fit ensuite route pour Dunkerque, où il rentra le 2 juillet, et mit à terre soixante-quatre prisonniers.

L'équipage du *Prodige* montra la plus grande valeur dans les deux combats. Durant le second, un boulet ennemi atteignit un sergent de troupes, et le fit tomber sur Vandezande. Ce brave militaire mourut en héros. Baigné dans les flots de son sang, il excitait encore l'ardeur de ses camarades. Sentant sa mort certaine, il refusa d'être pansé : « Songez, disait-il, à ceux de nos frères blessés qui peuvent en revenir ; conservez-les à la république. »

Le ministre de la marine ayant rendu compte au directoire de la conduite du capitaine et de l'équipage du *Prodige*, il reçut l'ordre d'écrire à Vandezande pour lui témoigner sa satisfaction.

ATTAQUE DE TÉNÉRIFFE

PAR NELSON.

BELLE CONDUITE D'UNE POIGNÉE DE MARINS FRANÇAIS.

(*Juillet* 1798.)

Les détails de cet événement militaire sont de notre ressort, puisque la défaite des anglais et le salut de la ville de Santa-Cruz furent dus à la bravoure de quelques français.

Le bruit ayant couru que le vice-roi du Mexique venait d'arriver à Ténériffe avec plusieurs galions, Nelson avait projeté un plan d'attaque de cette île, et l'avait soumis à lord Saint-Vincent. Il demandait qu'on lui donnât une petite escadre de vaisseaux et de frégates, et quelques transports suffisans pour porter la garnison de l'île d'Elbe, qu'il avait peu de temps auparavant ramenée à Gibraltar, et qui montait à environ trois mille six cents hommes.

La nouvelle de l'arrivée du vice-roi du

Mexique se trouva fausse; mais on sut positivement qu'un vaisseau de la compagnie des Philippines, très-richement chargé, et expédié de Manille pour l'Espagne, était entré à Santa-Cruz. Il n'en fallut pas davantage pour déterminer l'amiral Saint-Vincent à tenter l'expédition projetée par Nelson : toutefois, elle ne fut pas disposée sur une aussi grande échelle. On donna à Nelson quatre vaisseaux de ligne, trois frégates et un cutter, lui laissant le choix des bâtimens et des officiers qui devaient les monter; mais on ne lui fournit aucun bâtiment de transport, parce qu'il fut décidé qu'il n'emmènerait point de troupes, les matelots et les soldats de marine de l'escadre étant jugés suffisans pour remplir le but de l'expédition.

D'après les ordres qu'il avait reçus, Nelson devait, avec les canots de son escadre, opérer une descente de nuit entre le fort situé au nord-est de la baie de Santa-Cruz et la ville, se rendre maître de ce fort, et ensuite envoyer sommer le gouverneur de l'île. En conséquence, à minuit, le jour même de son arrivée à vue de Ténériffe, il ordonna à ses trois frégates, sur lesquelles on avait réuni les forces destinées à être débarquées, de se porter vers le point fixé pour le débarquement. Le vent et le courant contrarièrent ces bâtimens, et, à la pointe du jour, ils étaient encore éloignés d'un mille au moins du lieu où l'on devait descendre. Tout espoir de surprendre le fort fut perdu, et Nelson décida qu'on tenterait alors de s'emparer des hauteurs qui commandaient ce fort.

Les frégates jetèrent leurs hommes à terre pendant que Nelson, avec les vaisseaux, ménaçait le fort, pour en occuper la garnison. Les Anglais réussirent à débarquer; mais ils trouvèrent les hauteurs occupées, et ils furent si vigoureusement accueillis, qu'ils n'eurent d'autre ressource que de regagner leurs canots en toute hâte.

Les marins français qui s'y trouvaient participèrent si glorieusement à défendre les forts et batteries attaqués par Nelson, qu'un de ces forts conserve encore le nom de *fort Français*. Cette première tentative eut lieu le 22 Juillet 1797. Nelson, à qui la prudence devait conseiller de se retirer, regarda ce parti comme honteux : son entêtement fut funeste à son pays et à lui-même. Il conçut le dessein téméraire de débarquer directement sous la ville, et de conduire l'attaque en personne, malgré la défense expresse qui lui en avait été faite. Le 24, à six heures du soir, il signala que tous les canots furent tenus prêts pour la descente.

Nelson sentait bien toute la témérité de son entreprise, puisqu'il passa une partie de la soirée à mettre ordre à ses affaires, et qu'il brula toutes les lettres de sa femme.

A onze heures, le cutter le *Fox* et toutes les embarcations de l'escadre, partagées en six divisions, commandées par les capitaines de vaisseaux et frégates et portant mille hommes environ, se dirigèrent en bon ordre et en silence vers la ville ; Nelson, accompagné de deux capitaines de vaisseau dans leurs canots, s'avançait à la tête de la flottille. Son intention était de débarquer sur le môle même, et de là, de se porter rapidement vers la place, où, toutes ses forces une fois réunies, il eut agi suivant les circonstances.

Les Anglais ne furent aperçus qu'à une heure et demie du matin, et lorsqu'ils n'étaient plus qu'à une petite demi-portée de canon de terre. Nelson alors leur fit pousser un *huzza* général, ordonnant aux canots de se séséparer et de ramer de toutes leurs forces pour gagner la terre. Mais les Espagnols étaient sur leurs gardes ; le tocsin répondit au *huzza* des Anglais, et quarante pièces de canon vomirent la mitraille sur les assaillans, en même temps qu'une grêle de coup de fusil pleuvait sur eux. Une grande partie des embarcations anglaises manquèrent le môle et échouèrent en pleine côte, où la mer les brisait avec violence : toutes furent mises en pièces, et la presque totalité des marins et soldats noyée.

Cependant une douzaine de canots avaient atteint le môle, et les hommes qu'ils portaient parvinrent à l'escalader ; mais la mitraille de la citadelle, et le feu de mousquetrie venant des maisons les plus proches, les empêchèrent de faire un pas en avant, et tous à peu près furent tués ou blessés. C'est en voulant quitter son canot pour se porter sur le môle, que Nelson reçut un coup de feu qui lui fracassa le bras droit. Ce ne fut qu'avec la plus grande peine que l'on parvint à remettre à flot son canot, qui était échoué au pied du môle, et à le ramener à bord de son vaisseau, après avoir bandé du mieux possible sa plaie, et lié fortement son bras au dessus du coude, pour prévenir une hémorrhagie qui pouvait lui donner la mort. Comme le canot de l'amiral quittait le môle, des cris perçans partis du *Fox* annoncèrent que ce bâtiment avait reçu un boulet au dessous de la flottaison et qu'il coulait à fond.

Une partie de la flottille anglaise, qui avait manqué le môle, parvint néanmoins à effectuer le débarquement ; mais à peine les hommes étaient-ils à terre, que la mer remplit et brisa les embarcations. Ainsi privé de moyens d'opérer sa retraite, et presque sans munitions, la plus grande partie de la poudre ayant été mouillée en débarquant, ce petit corps chercha à gagner la place, espérant y trouver l'amiral avec le reste des forces. Vain espoir! Le commandant, au point du jour, se trouva avec trois ou quatre cents hommes seulement; il ne pouvait avancer d'aucun côté; toutes les rues étaient garnies de pièces d'artillerie, pour la plupart servies par des marins français : tout effort eût été inutile, et il ne restait aux Anglais d'autre parti à prendre que de mettre bas les armes. Cependant ils osèrent proposer une capitulation, menaçant de mettre le feu à la ville si elle n'était acceptée sur-le-champ; et, ce qu'il y eut de plus inouï que cette rodomontade britannique, ce fut la conduite, que nous ne chercherons pas à expliquer, du gouverneur espagnol, qui se laissa dicter des conditions par une poignée d'ennemis, qu'il eût pu écraser en dix minutes. Voici ce qui fut convenu :

Les Anglais demandèrent la liberté de se rembarquer avec armes et bagages sur leurs propres canots, s'il y en avait de sauvés, ou sur des bateaux que les Espagnols seraient tenus de leur fournir. De leur côté, ils promettaient que l'escadre n'entreprendrait plus rien contre Ténériffe ni aucune autre des Canaries.

Tous les prisonniers devaient être rendus de part et d'autre.

Cependant les Français, qui, par des prodiges de valeur, avaient puissamment contribué à la défaite des ennemis, étaient outrés de rage. Ils regrettaient d'avoir, au prix de leur sang, acheté la victoire pour un chef qui ne la mettait pas mieux à profit. Leur nombre ne s'élevait guère au-dessus de cent cinquante, presque tous marins, provenant en grande partie de l'équipage de la corvette *la Mutine*. Parmi eux se fit remarquer l'ex-conventionnel Drouet, sous le nom de Martinay, et se disant secrétaire d'un envoyé extraordinaire de Hollande à Batavia.

Qui le croirait? Nelson, qui, par un entêtement et un orgueil inexcusables, tente une seconde attaque moins praticable que la première, et après que celle-ci a échoué, qui se rend coupable de désobéissance en la conduisant en personne; Nelson, de retour dans sa patrie, est caressé, complimenté, et reçoit une pension de mille livres sterling! Étrange vicissitude dans la conduite d'une nation! Les événemens, au reste, ont prouvé que l'Angleterre avait eu raison de ne pas faire éprouver à Nelson, désobéissant et vaincu, le sort de Bing, que peut-être il avait plus mérité que lui.

COMBAT

ENTRE DEUX CORVETTES FRANÇAISES ET UNE DIVISION ANGLAISE.

(MAI 1798.)

Le 29 mai 1798, dans la nuit, les corvettes la *Confiante* et le *Vésuve* appareillèrent du Havre et se dirigèrent du côté de Cherbourg. La *Confiante* avait pour commandant le capitaine de frégate Pévrieux. Cet officier avait donné déjà les plus grandes preuves de son intrépidité dans la défense de la frégate la *Pomone*, au commencement de la guerre, et ensuite dans celle de la *Proserpine*. Pris sur ces deux bâtimens, après la plus vaillante résistance, deux fois les Anglais honorèrent dans sa personne le courage malheureux. Le *Vésuve* était commandé par le lieutenant de vaisseau Lécolier. Au point du jour, le 30, les corvettes eurent connaissance d'une division anglaise, dont une partie forçait de voiles pour les joindre, tandis que l'autre manœuvrait de manière à leur couper la retraite vers le Havre.

A cinq heures et demie, un vaisseau rasé, portant du 24 en batterie et des caronades de 64 sur ses gaillards, avait approché les bâtimens français à petite portée : le combat commença ; il dura cinq heures consécutives.

La *Confiante* engagée pendant plus d'une heure à portée de pistolet par le vaisseau ennemi, ripostait à son feu de la manière la plus vigoureuse. Plusieurs fois elle fut sommée à la voix de se rendre ; mais le brave Pévrieux ne répondait à ces sommations que par de nouvelles bordées et un feu roulant de mousqueterie. Enfin, voyant que d'aucun côté il ne pouvait échapper à la division ennemie qui l'entourait, il préféra jeter son bâtiment à la côte que de le rendre aux Anglais. Il l'échoua sur le sable sous Beuzeval, près de l'embouchure de la Dive, et mit tout son équipage à terre. Le *Vésuve* était déjà échoué. Moins maltraité que la *Confiante*, il ne fut pas difficile de relever ce bâtiment et de le faire entrer dans la rivière. Quant à la corvette de Pévrieux, au moment où elle fut à la côte elle était dans un état pitoyable : plus de trois cents boulets avaient criblé les voiles, la mâture et le corps du bâtiment.

Malgré le désir qu'on avait de remettre la *Confiante* à flot, il n'y avait guère d'espoir d'y parvenir ; et les Français eurent peut-être tort de laisser aux Anglais l'honneur d'en brûler la carcasse.

Le *Vésuve*, entré dans la Dive, fut dégréé, pour qu'il offrît moins de prise à l'incendie, si les Anglais tentaient de le bombarder ; et l'on s'occupa de faire, à l'entrée de la rivière, des batteries pour éloigner les bombardes, et empêcher également que l'ennemi ne vînt dans des canots mettre le feu à cette corvette.

Le capitaine de vaisseau Muskein, parti de la Hougue avec une division de bateaux, avait été forcé de relâcher à Sallenelle, près de Caen. Comme ses bateaux étaient hors d'atteinte, il en fit débarquer les canons, avec lesquels il établit des batteries sur la côte. Les marins et les deux cents hommes du bataillon de Boulogne qui montaient sa flottille mirent autant de zèle dans la construction de ces batteries, que de courage et d'adresse à les servir quand elles furent construites.

Ces dispositions, prises sur la côte, sauvèrent la corvette. Plusieurs fois les Anglais vinrent la bombarder ; mais le feu des batteries les força toujours à gagner le large. Muskein et ses équipages se distinguèrent dans ces divers engagemens qui forcèrent l'ennemi à renoncer à ses desseins. Enfin, profitant d'une circonstance favorable, le *Vésuve* et les bateaux de Muskein parvinrent à rentrer au Havre.

PRISE

D'UN BRICK DE GUERRE ANGLAIS, PAR LE CORSAIRE FRANÇAIS L'ESPIÈGLE.

En décembre 1797, les corsaires de Boulogne donnèrent une nouvelle preuve d'intrépidité. Deux bâtimens de ce port, l'*Espiègle* de dix canons de 4, et le *Rusé* de huit canons du même calibre, commandés par les capitaines Duchesne et Fourmentin, pénétrèrent, dans la nuit du 20 au 21, au milieu d'un convoi qui filait le long de la côte d'Angleterre, sous l'escorte d'une frégate et de plusieurs autres bâtimens de guerre. Le capitaine de l'*Espiègle* s'approcha d'un navire écarté qu'il croit marchand, et veut s'en emparer; mais bientôt il reconnaît son erreur, et voit que c'est un brick-canonnier, portant des canons de 18 et des caronades de 32. Il n'y avait plus moyen de fuir sous le feu de ce formidable adversaire, et il fallait se rendre ou l'enlever à l'abordage. C'est à ce dernier parti que Duchesne et son brave équipage s'arrêtent, encouragés par la manœuvre du *Rusé*, qu'ils voient se porter à leur secours. Renonçant presque à se servir de leurs petits canons, les marins français font sur le brick ennemi un feu de mousqueterie bien nourri, en même temps qu'ils cherchent à l'accoster bord à bord. Après plusieurs tentatives infructueuses, l'*Espiègle* parvint à jeter quatorze hommes de son équipage à bord du navire anglais. A leur tête était le nommé Tack, de Dunkerque, capitaine en second du corsaire; un coup de sabre qu'il avait reçu dans le flanc n'avait fait que redoubler la furie avec laquelle il chargeait l'équipage ennemi, lorsqu'une balle l'atteignit au cou et le mit hors du combat. Malgré cet accident, les marins français se rendirent bientôt maîtres du brick, dont l'équipage, quoique fort de plus de soixante hommes, cessa de se défendre lorsqu'il vit tomber plusieurs des siens, entre autres le capitaine, qui, ainsi que son second, fut très-grièvement blessé. Le lendemain, les deux corsaires rentrèrent à Boulogne avec leur prise, et furent reçus au bruit des fanfares et des acclamations de tous les habitans. Le ministre de la marine écrivit, peu de temps après, aux capitaines Duchesne et Fourmentin, une lettre flatteuse. C'est de cette manière que le directoire avait coutume d'exprimer sa satisfaction aux militaires de tout grade et de toutes armes qui se distinguaient par quelque action d'éclat.

EXPÉDITION

DU CAPITAINE L'HERMITTE DANS LA MER DES INDES.

(*Avril* 1798.)

Le capitaine de frégate *L'hermitte*, chargé par l'amiral Sercey d'embarquer à l'île de la *Réunion* un détachement de volontaires, destinés à grossir l'armée du prince Indien Tippoo, alors en guerre avec les anglais, partit de l'île de France le 8 mars 1798, et se dirigea vers la côte de Malabar. Après quarante jours de traversée, le 18 avril, étant près de l'île Caaroli, l'une des Laquedives, la *Preneuse* arrêta un bâtiment indien parti depuis trois jours de Canamore. Le patron de ce navire, qui fut relâché parce qu'il coulait bas d'eau, rendit compte que deux vaisseaux de la compagnie des Indes étaient à Tellichery, occupés à charger du poivre. Le capitaine L'hermitte conçut le projet de s'emparer de ces bâtimens. Il vint, en conséquence, prendre connaissance de la côte de Malabar, le 20 avril, près de Tellichery ; mais il ne vit dans cette rade qu'un seul bâtiment, au lieu de deux qu'il devait y avoir, suivant le rapport qui lui avait été fait. La frégate passa le reste du jour et une partie du lendemain à croiser le long de la côte, sous pavillon anglais.

Une pirogue que l'on prit le matin du 21, confirma que le bâtiment mouillé sous Tellichery était un vaisseau de la compagnie qui chargeait du poivre, et ajouta qu'il portait vingt-six canons de 12 en batterie, et qu'il avait un fort équipage, dont cent cinquante Européens faisaient partie. A une heure de l'après-midi, on découvrit un grand navire à trois mâts, qui venait toutes voiles dehors chercher le mouillage de Tellichery. Le capitaine L'hermitte, après l'avoir reconnu pour un vaisseau de la compagnie, diminua de voiles et manœuvra de manière à ce qu'il mouillât avant la *Preneuse*.

A deux heures et demie, un orage terrible se déclara, et à trois heures le tonnerre tomba sur la pomme du grand mât de la *Preneuse*; il descendit tout le long de ce mât jusque dans la cale, où il mit le feu, remonta ensuite dans la batterie et sortit par un sabord. Un homme fut tué raide dans la batterie, quinze ou seize autres plus ou moins grièvement blessés. Le capitaine L'hermitte lui-même fut renversé, et s'imagina d'autant plus facilement être blessé, que les éclats de bois enlevés du grand mât par la foudre et qui volèrent en ce moment, lui firent croire que c'était le vaisseau qu'il avait près de lui qui lui envoyait sa bordée. Ce qu'on peut regarder comme très-extraordinaire, c'est que, dans cette circonstance où tout était disposé à bord pour le combat, aucun artifice, aucune gargousse n'ait pris feu, et qu'il ne soit pas parti un seul canon.

L'état du grand mât de *la Preneuse* obligea de serrer toutes les voiles qu'il portait, et le peu qu'il en resta dehors servit le dessein du capitaine L'hermitte, de laisser arriver le vaisseau ennemi au mouillage avant lui. Un peu avant quatre heures, ce bâtiment vint jeter l'ancre à cent brasses de celui qui était déjà en rade depuis quelques jours. Le capitaine L'hermitte fit alors gouverner droit entre les deux, et il s'avança avec sa batterie armée de deux bords, résolu aussitôt la première bordée lâchée, d'enlever un des deux vaisseaux à l'abordage.

Arrivée au milieu des deux navires ennemis, la *Preneuse* arbora les couleurs françaises, et envoya une bordée à celui qui venait de mouiller. Ce vaisseau riposta de toute la sienne, coupa son câble et largua ses voiles, dans l'intention de se jeter à la côte. L'autre, par sa position, ne put envoyer à la frégate française que deux ou trois coups de canon et un grand nombre de coups de fusil ; mais le capitaine L'hermitte ayant manœuvré pour l'aborder, en faisant sur lui un feu terrible de mousqueterie, son équipage évacua les gaillards. La *Preneuse*, canonnant toujours l'autre vaisseau, se trouvait présenter le travers à la poupe de celui-ci, lorsque le capitaine anglais, redoutant l'effet d'une bordée envoyée dans cette position, coupa avec son sabre la drisse du pavillon, demandant quartier à grand cris. On lui intima l'ordre de venir à bord de *la Preneuse* avec ses officiers, ce qu'il fit sur-le-champ.

Le second vaisseau ne se défendait que faiblement, cherchant à se jeter à la côte sous les batteries de Tellichery, qui tiraient des boulets et des bombes sur la frégate française. Il fut, malgré cela, bientôt joint et contraint d'amener son pavillon.

Ces vaisseaux appartenaient tous deux à la compagnie des Indes, et étaient du port de neuf cents tonneaux. Le premier s'appelait le *Woodcott*, et l'autre *le Raymond*. Leur capture donna à la république plus de six cents prisonniers, dont la moitié Européens, parce que *le Raymond* avait, en outre de son équipage, une partie des soldats de deux bataillons des troupes de la compagnie avec leurs drapeaux, qui furent remis au capitaine français. On trouva à bord du *Woodcott* deux caisses de roupies.

Embarrassé de ses nombreux prisonniers, le capitaine L'hermitte conclut avec le colone anglais, commandant à Tellichery, une convention par laquelle les officiers, soldats et marins pris, s'engagèrent à ne point servir contre la république, jusqu'à parfait échange contre un pareil nombre de Français. La première chose dont il s'occupa ensuite, fut d'équiper ses prises ; cela fait, il les expédia pour l'Ile-de-France, où elles arrivèrent heureusement.

Ce coup de main du capitaine L'hermitte sous Tellichery ne retarda pas beaucoup sa mission : il arriva à Mangalore le 24 avril. Il débarqua sur-le-champ les ambassadeurs de Tippoo et les volontaires français ; et, après avoir passé deux jours seulement dans cette rade, il en partit, et fut rejoindre, vers la mi-juin, à Java, l'amiral Sercey, qui venait d'y arriver sur la corvette *la Brûle-Gueule*, avec l'intention d'établir son quartier-général dans cette île.

FIN.

TABLE DES MATIERES.

	Pages.
Combat naval du 1er juin 1794.	5
Episode de la Bataille de Trafalgar	23
Combat entre deux frégates	52
— entre le Surveillant et le Québec	58
Course du corsaire l'Amphytrite	65
Combat d'Aboukir.	74
La Canonnière 93.	82
Vaisseau Turc, incendié par Canaris.	92
Combat d'Algésiras.	96
— du détroit de Gibraltar.	111
— entre la Canonnière et le Tremendous.	123
Croisière de la frégate la Gloire.	129
Expédition de l'Amiral Ganteaume.	141
— d'Egypte de Bonaparte.	154
Combat naval d'Aboukir	165
— de la frégate la Virginie.	188
Expédition d'Irlande	196
Combat de la frégate la Seine.	224
— de la corvette la Bayonnaise	231
— d'Algésiras	238
— du détroit de Gibraltar	244
Flottille de Boulogne.	253
Combat de la frégate l'Africaine.	264
— du corsaire l'Unité	268
— du corsaire le Prodige.	271
Attaque de Ténériffe.	275
Combat de deux corvettes	282
Prise par le corsaire l'Espiègle	285
Expédition du capitaine L'hermitte.	287

www.ingramcontent.com/pod-product-compliance
Lightning Source LLC
Chambersburg PA
CBHW070754170426
43200CB00007B/771